KAWADE
夢文庫

しぐさの心理学

牧村和幸

河出書房新社

あらゆる状況に対応した「心を読むヒント」が満載！――はじめに

たとえば、初対面の人と会話しているとき、相手がしきりに口元を隠すようなしぐさをする。こんなとき、あなたは相手の心の内を読めるだろうか？

口元を隠すというしぐさは、言ってはいけないことを言ってしまったときに、それをなかったことにしようとする動作だ。この動作が癖になっている人は、自分を表に出したくない、正体を知られたくない。もっといえば「自分に自信がない」。自分をよりよく見せるために、自信のない部分を人に見せたくないと思っているのだ。

このように、しぐさ、態度、話し方・口癖、行動にいたるまで「そういう人、いるいる！」と思わず膝を乗り出す、あらゆる挙動パターンを網羅したのが本書である。

たった一つのシグナルから、相手の心の中をなんなく覗けてしまう。あとは「YES」と言わせるのも、悪いヤツ・ずるいヤツを見抜くのも、話し合いのイニシアチブを握るのも、あなた次第。むろん、大事な人が弱っているときにそのしぐさから察して、適切にケアしてあげることだってできる。

「心を読むヒント」を自由自在に使いこなして豊かな人間関係を築き、快適な毎日を送る。それが、真の人間ツウというものだろう。

牧村和幸

しぐさの心理学◉もくじ

第1章 ふいに表れるしぐさからわかる心理

第2章
あの人の特徴的な話し方・口癖からわかる心理

第3章 言葉よりも雄弁な身ぶり・態度からわかる心理

第４章
表情
顔のパーツや動きに注目！
からわかる心理

第5章 ずっと疑問に思っていた 行動パターンからわかる心理

第6章 大きな声では言えない 趣味・嗜好からわかる心理

カバーイラスト●光嶋フーパイ
本文イラスト●皆川幸輝
協力●岡本象太

第1章 ふいに表れるしぐさからわかる心理

◉例えば、首を触るのは目の前のストレスから逃れたいから

唇を触るのは安心したい気持ちの表れ

人が考え事をしているときのしぐさには、隠れた本音が覗きやすい。

一心に何かを考えながら、唇のあたりをしきりにさすっている人、筆記具を口に当てて弄んでいる人、スナック菓子をひっきりなしに口に運ぶ人……。こういうしぐさは、すべて不安の表れであり無意識に安心感を求めているといえる。

人間には、誰しも赤ちゃんのときの記憶が残っている。潜在意識にしっかりと刻まれているのだ。

フロイト心理学によれば、0~2歳は母乳を飲むことに快楽を覚えていた時期で、これを「口唇期」という。

この時期に十分な愛情を得られていないと、大人になっても唇に固執するようになる。唇に手で触れる、爪を噛む、アメや煙草を欲するなど唇が気になってしかたがないのだ。

唇に手をやるのは、満たされない心を満たしたい、安心したいという心理の表れ。**唇を触る癖がある人は、幼児性が残っている**という言い方もできる。

こういう人と接するときは、まず褒めてあげることだ。お母さんが赤ちゃんにするように褒め、認め、承認してあげる。そうすれば安心するはずだ。

耳を触るのはストレスを感じている証拠だって?!

江戸時代、「耳垢取」という商売があ

ったそうだ。唐人の格好をして「耳垢取ろう〜取ろう〜」とかけ声を掛けながら町を流していたという。耳垢を取ってもらうのは、それだけ快感なのだろう。

耳を触るのが好きという人がときどきいる。暇さえあれば、耳たぶを摘まんだり、耳の裏を掻(か)いたり、耳の穴に指を入れてほじろうとしたり。

そもそも指が耳の穴に入るわけもないのだが、それでもしきりに耳に手をもっていく。

こうしたしぐさは、一つには、ストレスからくるものと考えられる。

人は不安を感じると、生理的に心地よいものに触れようとする。

猫の肉球に触れると気持ちがいいように、耳たぶに触れていると人は気持ちいいし、リラックスできるもの。だからストレスを感じると、つい耳を触ってしまうのだ。

また、**目の前のことに関心がないとい**う場合もある。

会議中、飽(あ)きてくるとつい耳を触ってしまう人は、目の前のことに関心がなく手持ちぶさただったり、話している相手やその内容に嫌悪感があって「聞きたくない」と思っている可能性が高い。

もしも商談の最中に、相手が耳をしきりに触っていたら要注意だ。話題を変えるなどの対策が必要かもしれない。

頬をこすったり、撫でたりするのは何のため？

土俵上で立ち会い前の力士が、ポンポンと両手で顔をはたいて、ゴシゴシと頬（ほお）をこする。これはもちろん、最高潮に達した緊張を解きほぐそうとするしぐさだ。

人は、力士でなくても緊張すると、この動作をすることがある。

緊張で顔が引きつるとまではいかなくても、表情が硬くなっていくのが自分でもわかるだろう。すると本能的に頬を撫（な）でで、**血行をよくして緊張状態から脱しようとする心理**が働くのだ。

だから、大事なプレゼンの前に同僚が頬を撫でるしぐさをしていたら、

「大丈夫、気楽にいこう」

などと、リラックスさせる言葉をかけてあげよう。

眉を触るのは、何かを隠そうとしているから

メイクをする女性は先刻承知だろうが、眉（まゆ）が変わると、顔の印象もずいぶん変わる。それだけ、顔の中でも重要なパーツといえるだろう。

そんな眉が気になるのか、会話の最中に、眉に手をやって触れるようなしぐさをする人がいる。いったいどのような心理が読み取れるだろうか。

眉は、顔のパーツの中でも比較的動きの大きい部分だ。つまり、感情が表れやすい。「嫌だな」と思ったら、思わず眉間に力が入ってしまったり、驚きがピク

リと眉の動きに出てしまったり。

だから人は、心の中を隠そうと思うと無意識に眉に触れて押さえるしぐさをしてしまう。それは同時に、手でさりげなく顔を隠すという効果も期待できる。

また、これは「なだめ行動」の一種でもある。

心に動揺があったり、ストレスを感じていたりすると、人は自分で自分の身体を触れることで、気持ちを落ち着かせようとする。それが「なだめ行動」だ。

つまり、会話中に眉を手で触れるのは、**ストレスを感じていて、本心を隠したい**ためのしぐさと考えられるのだ。

嘘をついていてそれを隠したい、会話の内容に動揺しているがそれを悟られたくない、ちょっとウルッときてしまったが恥ずかしいのでスルーしてほしい場合などだ。

人さし指で鼻の下を触るのは口元を隠したいから?

人さし指で鼻の下をこするしぐさ、これも一種の「なだめ行動」と捉えることができる。ストレスや緊張をなだめようとしているのだ。

また、これには別な意味もある。

鼻の下に人さし指をもっていくと、手のひらで口を隠すことになる。実はこちらが主な目的で、口元を隠すことで、表情を読み取られないようにしているのだ。

こういう動作をする人、あるいは、これが癖になっている人には、シャイな人が多い。あまり自分をオープンにしたくない心理が、つい、こうしたしぐさに表れてしまうのだ。

タイプとしては、**照れ屋で恥ずかしがり屋。口数が少なく、感情表現は苦手。**女性のこのしぐさに惹かれる男性がいるのも、それが理由だろう。

会議や打ち合わせでこのしぐさをする人は、緊張しているか、または、自分の意見を発言することに慎重になっているのだ。また、目の前の相手に対してネガティブな感情をもっていることも考えられる。

相手を受け入れたくないのでコミュニケーションを遮断したいか、反対に、言いにくい意見を言い出しかねて、それを抑えるように口元を覆っているという場合もある。

頬を両手で覆う女性の心の内とは

頬を両手で覆うしぐさを想像すると、ムンクの『叫び』を思い浮かべがちだ。だからといって、このしぐさは「大声で叫びたい」心理から行われているわけではない。

これは、驚いたり、興奮したりしたとき、あるいは恥ずかしいときや照れているときに、それを抑えようとする「なだめ行動」なのだ。

このしぐさは、女性がする場合が多い。男性も驚いたときにすることはあるが、照れたときにはしないのが一般的だ。

たとえば、プレゼントをもらった女性が、包みを開けるなりこのしぐさをしたのなら、彼女はとても感激していると見ていい。

人間は、驚いたり、興奮したり、恥ずかしさを感じたりすると頰が紅潮して赤くなる。しかし、これをあまり人に見られたくないので、自然と手で覆って隠そうとする。あるいは、手でほてりを冷まそうという心理も働く。それが、このしぐさだ。

このしぐさをする人は、感激していると同時に、その姿を見られるのを恥ずかしがっているということだ。

意識していない男性に対しては「恥ずかしい」という感情はあまり起きないもの。したがって、**女性がこのしぐさをしたら、相手の男性に好意をもっていると**思っていい。

唇をなめるしぐさには二つの心理がある

大事な商談を前にすると、妙に喉(のど)が渇く。そんな経験はないだろうか。

人は強い緊張やストレスを感じると、自律神経のバランスが乱れることがある。副交感神経よりも交感神経が優位に働き、口の中の唾液が少なくなってしまう。唾液の分泌は食べ物の消化に必要不可欠で、リラックスしたときに多く分泌される。

口の中の唾液が減ってしまった結果、口や唇が乾く。だから、唇をなめる。**しきりに唇をなめる人は強い緊張状態にあると**思って間違いない。

実は、唇をなめるしぐさには、もう一

つ意味がある。舌先を口から出すようにしてペロリとなめるしぐさは、**目の前の対象に欲望を感じている証し**なのだ。

動物が餌を与えられると、舌を出してペロリと唇をなめる動作をする。これと同じ本能が、人間にも備わっているといわれている。文字通り「舌なめずりをする」というやつだ。

異性と会話をしながら、相手が唇をなめたら、どちらのしぐさなのか見極めよう。唇が乾いていたなら、あなたは「緊張する相手」。舌先がペロリと動いたら、あなたは「欲望の対象」だ。

ストレスから逃れたい気持ちが首を触らせる！

「あなたの言うことはもっともだが、なにぶん時間もないことだし、十分な準備が必要だし……」

などと話しながら、首の後ろあたりをさする人がいる。こういう人は、あなたを苦手だと思っているのかもしれない。

人は、強いストレスを感じると、これを回避するか、逆に攻撃しようとする。回避も攻撃もできなければ、新たな刺激によってストレスを緩和しようとする。首を触ることで、新たな刺激をつくり出しているのだ。

そもそも首は、脳に通じる大事な血管が通っている急所。ここを手で触れることは、急所に自ら刺激を与えていることになる。

また、同時に急所を守ろうとするしぐさでもある。つまり、不安やストレスを感じていて、自身の安全を守ろうとする本能が働いているのだ。

総じていうと、**首を触るしぐさをしている人は、目の前のストレスから逃れようとしているという場合が多い**。

この話題は避けたい。困った事態になった。この人とは話をしたくない。こういう心理が、首を触るしぐさに表れる。

このしぐさが癖のようになっている人もいる。こういう人は、日頃から不安を抱えやすい人、つまり神経質で警戒心の強い人だ。

どちらかというと内向的な性格なので、あなたが苦手というわけではなく、単にコミュニケーションが取りにくいタイプなのかもしれない。

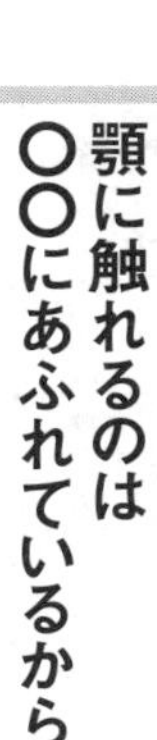

顎に触れるのは〇〇にあふれているから

伝記本の表紙にも使われていたスティーブ・ジョブスの晩年のポートレートは、顎(あご)のあたりを軽く手で触れている。こんなふうに、顎に手で触れるしぐさは、大きな自信の表れだといえる。

顎は、首という急所のすぐ近くにある。それゆえ、安心と恐怖、自信と警戒を表す部位となっている。

よく「人を顎で使う」というが、顎を突き出してあれこれ指図する人は、目下の者に対して、オレは顎という急所をさらけ出しても大丈夫だぞ、という強い自信を示しているのだ。

その顎を手でさすることで相手に意識させる行為は、**自らの自信と優越感を強調し誇示している**。だから会話の最中に、顎を触りながら、

「なるほど、おっしゃることはごもっともです」

などと慇懃（いんぎん）な態度をとる人は、実は、

「ふん、まあ話だけは聞いておいてやろう」

と〝上から目線〟であることが多い。

しかし同時に、**このタイプは、意外に話をよく聞いてくれる**。

自分の考えに固執したり端（はな）から反対したりせずに、話はちゃんと聞いて、よい内容なら「取り立ててやらんでもない」というのが基本的スタンス。上手に対処すれば、案外扱いやすいタイプなのだ。

なぜ、動揺を隠そうとする人は鼻を触るのか？

「ホントに浮気してないのね？」

「もちろんさ、なんで君がそんなことを考えるのか、見当もつかないよ！」

そう言いながら、相手の指がさりげなく鼻に触れていたら、「ああ、やっぱり」と思っていいだろう。

鼻を手で触れるしぐさ、これは情緒不安定のサインだ。つまり嘘をついており、その不安を隠そうとしていることが多い。**鼻に手をもっていくことで、無意識に相手の視線を逸（そ）らそうとしているのだ**。

情緒不安定のときにじっと目を見て問い詰められたら、内心たじろいでしまう。でも、露骨に目を逸らしたら嘘だとばれ

てしまう。そこで思わず鼻に手をやり、相手の視線を紛(まぎ)らわそうとするわけだ。

また、動揺すると生理的に鼻がむずむずするからという説もある。その理由は解明されていないが、精神の動揺を感じる脳のエリアが、鼻の制御に関連している可能性があるのだとか。

ただし、嘘をついていないのに、シャイな性格で、自分に自信がないタイプはこのしぐさをやりがちだ。

また、男女関係では相手に好意をもっているときに、ドギマギする心を隠そうとして、手が鼻にいく場合もある。

話しながら口元を隠す人の意外な心理とは

会話中、しきりに口元を隠そうとする人は、秘密主義であることが多い。

口元を隠すというしぐさは、言ってはいけないことを言ってしまったときに、それをなかったことにしようとする動作だ。もっとも、言ってしまった後で口をふさいでも手遅れなのだが、それでも、本能的に口をふさぐという動作になって表れる。

だから、この動作が癖になっている人は、**自分を表に出したくない、正体を知られたくない**という思いが深層心理にあると考えられる。

根本には「自分に自信がない」という思いがある。だから、自分をよりよく見せるために、自信のない部分を人に見せたくないと思っているのだ。

こういう人を観察すると、同性に対す

るよりも、異性に対するほうが、頻繁にこの癖が出る傾向がある。

普通は、異性に対してのほうが、より自分をよく見せたい、ダメな部分を隠したいと思うものだ。それに自分に自信がないから、異性の前では緊張してプレッシャーを感じる。余計に自分を隠して安心したいという心理が働く。

こういう人は、好きな人の前では余計にこの癖が出るので、誰に気があるのか、隠しているようでも丸わかりになる。

メンタルが不調な人はなぜ、うつむくのか?

ロダンの彫像『考える人』は、何を考えているのだろう? と思う人がいるかもしれないが、実は、あれは考えているのではない。『地獄の門』という大作の一部で、地獄に落ちていく罪人をじっと見ているところなのだそうだ。

とはいっても、地獄に落ちていく人を見て何も感じないわけはないので、きっと彼にも思うところはあるのだろう。

また一説によれば、あれはロダン自身の姿だという。ロダンが、愛弟子カミーユ・クローデルとの不倫関係について悩む姿が反映されているというのだ。

いずれにせよ、うつむくというしぐさは、考え事をしている、悩んでいる、不安を抱えているなど、メンタルがネガティブな状態にあることを表す。

ある心理学者によれば「うつむく」という姿勢は、負の刺激に対して適応し処理する機能があるという。**不安や恐れ、**

緊張などに晒(さら)されたときに、感情的な衝撃を小さくするためにとる防御の姿勢なのだ。

話しながら目をこするのは3つの理由がある

眠気を感じると人は目をこする。これは、眠くなると血圧が下がり、まぶたが腫(は)れぼったくなるので、違和感を覚えるからだそうだ。

では、誰かと話をしているとき、相手が目をこするしぐさをしたら、ただ眠いだけなのだろうか。もちろん、その可能性もあるが、心理学的に見れば、考えられるのはそれだけではない。

目をこするしぐさは、目を隠すしぐさの簡易版と考えられる。**①話の内容が気に入らない、相手の顔を見たくない**などの心理から、目から入る情報を遮断(しゃだん)しようとする。しかし、あからさまに目をふさぐわけにもいかないので、目をこするしぐさとなって表れるのだ。

話しながら目をこするしぐさをする人は、**②嘘をついている**可能性もある。

嘘をつくと、当然、相手にそれを見破られたくない。一番バレそうなところは「目」だ。嘘をつくと不安ややましさが湧いてくるが、それが目を逸らせたり、伏せたりするしぐさに表れる。だから本能的に、目を隠して悟られないようにしようと目をこすってしまうのだ。

反対に、**③目の前の相手に好意をもっているとき、緊張をほぐすために目をこする**場合もある。

高い位置で腕を組む人、低い位置で腕を組む人

腕を組むしぐさは、基本的に「防御」を表す姿勢だが、同じ防御でも、位置によって大きくその意味が変わってくる。

胸を突き出すようにして、**高い位置で腕組みをする場合は、相手との間に高い壁を築いて強固な守りを固め、その上から見下ろすイメージだ。**自分を大きく見せることで、優位な立場に見せようとしている。

悪役プロレスラーがカメラを向けられると、このポーズをするように、相手を威嚇（いかく）しようとしているのだ。

逆に、**身体を丸めるようにして、低い位置で腕組みをする場合は、緊張や不安を表す。**自分をしっかりと抱き込んで、守ろうとする姿勢だ。

誰かがこういう姿勢をしていたら、大きな悩み事があるか、困難を抱えているので、話を聞いてあげるなどのケアが必要だろう。

手を頭の後ろで組んでいる人がキーマンであるわけ

あなたが、得意先の会議室でプレゼンをするとしよう。会場を見回すと、けっこうな人数が揃っている。こんなとき、まずはキーマン、すなわちその場を仕切っているのは誰なのかを見極めることが肝要だ。

ここで、相手の態度をさりげなく観察しよう。もしも、腕を頭の後ろに組んで

いる人がいたら、その人がキーマンと見て間違いない。

このポーズは、**支配と優越感**の心理を表している。手を頭の後ろで組んで肘(ひじ)を張る姿勢には、自分を大きく見せようとする心理が隠れている。

より多くの空間を支配して縄張りを示しているわけで、この場では自分が一番上位であることを周囲に印象づけようとしているのだ。

このように、自分を大きく見せようとして相手を威嚇する行動は、動物にもよく見られる。たとえばコブラは、普段は普通のヘビのような体形をしているが、相手を威嚇するときだけ、胸を膨らませて睨(にら)み付ける。これは本能的なしぐさなのだ。

ただし、相手がおらず、1人のときのこのポーズには別の意味がある。

デスクワークをしていて煮詰まったときなどに、腕を頭の後ろで組み、椅子の背にもたれるしぐさをすることがあるが、これは威嚇ではなく、むしろ**煮詰まった気持ちを解放する**しぐさだ。会議が中断してエラい人が席を外したときなどに、部下がよくこのポーズをする。

会話中に手をこするしぐさは「なだめ行動」の一つ

商談などで相手がこちらの質問に答えるときは、表情だけではなくその手元にも注目しよう。

「その点については、ご心配には及びません。弊社のシステムは、セキュリティは万全ですので……」

などと答えながら、しきりに手をこすっていたら、その言葉は信用しないほうがいい。

手をこするしぐさは、動揺を静める「なだめ行動」の一つだ。相手は今、不安や心配、あるいは脅威を感じているかもしれない。

発言の最中、またはその直後に、手をさする「なだめ行動」をしたら、**自分の発言内容に自信がない**ことを告白しているようなものだ。

また、自分が事実だと思っていたことを覆(くつがえ)されそうになったときも、このしぐさをする。

「しかし昨年、御社の関連会社でシステムがダウンしたことがありましたよね」

そう責め立てられて、さらに手の動きが加速するようなら、相手はそうとう追い詰められていると見ていいだろう。

ビジネスは、相手の足元ではなく〝手元〟を見てするものだ。

接近を拒否したいとき、人はココを隠す

接客業などでは身体の正面で手を組み、利き手を隠すのがマナーといわれてきた。これは武士の作法として、刀を抜く意思がないことを示しているとされる。

しかし、現代ではこのしぐさは、かえって失礼。さらに、ビジネスシーンでは

心理的にも逆効果だという。

手を隠すしぐさは、**何かを隠したい気持ちがある、つまり、接近を拒否する心理行動**とされる。

対面のコミュニケーションでは、言葉以上に手の動きなどのボディランゲージが多くの情報を伝えている。「手の内」を知られたくない、相手を受け入れたくないという心理があると、手を隠すというしぐさに表れてしまうのだ。

もし、交渉の相手が手を膝の上に置いて、テーブルの下に隠していたら、交渉には前向きではないと思っていい。

逆に、手をテーブルの上に置いて手のひらを見せていたら、相手はかなり乗り気になっている。しっかり攻めても大丈夫だろう。

胸に手を当てるしぐさが伝えるメッセージとは

サッカーの試合などで、試合前に選手たちが全員で、胸に手を当てるしぐさをすることがある。胸にあるチームのエンブレムに手を置いて、勝利を誓っているのだ。

日常生活でも、思わず胸に手を当てることはよくあるはず。特に、女性がすることが多い。このしぐさは、時と状況次第でさまざまな心理が読み取れる。

まず、**緊張を静めるため**。

緊張すると胸の鼓動が速くなる。これを手で確認することで、客観的に状況を捉え、落ち着こうとしているのだ。緊張したときに身体のどこかに触れるのは、典型的な「なだめ行動」だが、胸に触れるしぐさはその代表的なものだ。

また、**ホッと安心したときにも**、人は胸に手を当てる。緊張の状態から安心の状態へと、自分を落ち着かせることで対応しようとするのだ。

その他、**深い感謝を表すときや心配事があるとき、強く祈るときにも**、胸に手を当てることがある。

ところで、ある心理学の実験によると、胸に手を当てるしぐさは人を誠実に見せるという。胸に手を当てた女性と、後ろに手を回した女性、二つの写真を見せながら、「私は一度も仕事に遅れたことがない」など〝もっともらしいが嘘っぽい〟コメントを示した。

その結果、被験者は**胸に手を当てた女性のほうを**、より信じたという。

照れている人が頭の後ろに手をやるのは？

「いやぁ、まいったな」などと言いながら、頭の後ろを撫でたり、ポリポリ搔いたりする人がいる。

頭の後ろに手をやるしぐさは、**照れている、または恥ずかしさを感じているとき**の定番なのだ。

そのメカニズムは明確にはわかっていないが、脳の後部には、大後頭神経という大きな神経が通っている。この神経は、対人関係のストレスなどで過剰に興奮すると、痛みを発することがある。

恥ずかしさや照れによるストレスが発生すると、この大後頭神経をかばうように、撫でたり軽く掻いたりすることで、神経をマッサージしてなだめているという説が有力だ。

また、この動作は、相手を殴ろうと拳(こぶし)を振り上げたものの思いとどまって、その手をどうしていいかわからず、ポリポリして誤魔化す動作がもとになっているという説もある。

つい拳を振り上げてしまったことを後悔し、「ちょっと大人げなかったかな、ポリポリ」というわけだ。

腕まくりをするのは気合を入れるためだけではない!

ジャケットを脱ぎ、シャツの袖ボタンを外して袖を巻き上げ、腕を露出する。いわゆる「腕まくり」だが、なぜこんなことをするかというと、そのほうが動きやすく、作業がしやすいからだ。

腕まくりをするという行為を心理学的に読みとけば、「さぁ、これからやるぞ!」という意気込みを周囲に示し、自分に気合を入れようとしている。

実際に身体を動かす作業ではない場合、たとえば、集中してパソコンで作業するときも腕まくりをするが、これには**気分を〝集中モード〟に切り替える**という意味もある。

また反対に、リラックスするために腕まくりをする場合もある。たとえば、新しい企画をひねり出すためのブレインストーミングをしようというとき、リーダーが腕まくりをしていたら長丁場(ながちょうば)になると覚悟したほうがいい。

腕まくりをすることで、締め付ける服から身体を解放する効果もある。その場をリラックスした雰囲気にして、じっくりアイデアを出したいという意思が腕まくりに表れているのだ。

なお、普段から筋トレを欠かさず、隙(すき)あらば筋肉美を披露したいという人も、腕まくりが好きな傾向がある。

会議中、机を指先でトントン叩く人の心理とは

電話で呼び出してもらった相手が電話口に出るのを待っているとき、重たいデータをダウンロードしているときなど、ついイライラしてデスクを指先でトントンと叩いたりしていないだろうか。

そうしたからといって、早く事態が進むわけでもないのだが、何かできないかという心理が、とりあえずできること＝机をトントンするしぐさとなって表れるのだ。

この動作を、会議などで退屈したときにする人がいる。

そういう人は「それはこうすればいい」「自分ならこうする」と先が読めている人だ。だから、無駄な時間を使いたくないし、さっさと次のステップに進みたいと思ってしまう。

つまり、**仕事がデキるがゆえに、周囲とのギャップにイラついているのだ。**

逆に、1人での作業中にトントンする人、これは、仕事が思うように進まないことに苛立(いらだ)っているケースが多い。

いくら考えてもわからない、自分の能

力を超えるタスクを課せられていて、いっぱいいっぱいの状態だ。こんなときにトントンするのは、むしろ能力が理想に追いつかない人だといえるだろう。

うつむき加減で額に手をやるのは何の前兆か

ややうつむいて、額のあたりに軽く手を翳すようにする、手で額を覆うようにするなど、バリエーションはいろいろある。古畑任三郎の場合は、人さし指で眉間のあたりに触れる感じだが、これも同じだと思っていい。

このしぐさは、**何か重要なことを言わなければいけないのだが、言おうか言うまいか迷っている、葛藤している**という状態を示している。

額に手をやるしぐさは、顔の表情を隠すしぐさでもある。相手と目を合わせたくないので、古畑任三郎のように、身体を横に向けて構えているかもしれない。これから言おうとしていることは、相手にとって嫌なことかもしれない。だから熟考しているのだ。

人は、熟考するときには、額に手をやる。頭の前半分には前頭葉があり、感情・注意・思考などの精神作用を支配している。だから、考えをグルグル巡らせているとき、集中しようとするときには、自然と前頭葉に手がいくものなのだ。

会話の最中に相手がこのしぐさをしたら、心の準備をしたほうがいい。

「実は、言っておかなければいけないことがあるんだ」

などと、爆弾発言が飛び出すかもしれない。それとも、こんなひと言かも。

「犯人は、あなたですね」

貧乏揺すりをする人はやはり懐が寂しい？

仕事中に妙に落ち着かないオーラを感じて振り向くと、後ろの席の人が貧乏揺すりをしていたりする。この貧乏揺すり、昔から「マナーが悪い」といわれ、あまりいい印象を与えない。

貧乏揺すりの要因は、一説によると、「伸張（しんちょう）反射」という生理現象だという。膝を叩くと足が自動的に動くように、何かのきっかけで足の前後の筋肉が交互に収縮伸張を繰り返す現象だと、生理学的には解釈されている。

心理学的に見ると、この**一定の反復運動がストレス解消になっているといえる**。つまり、ストレス、不満、不安、焦（あせ）りなどを感じたときに、無意識に出てしまう〝癖〟なのだ。

ちなみになぜ「貧乏揺すり」というかというと、貧乏人が寒さに震える様子からという説が有力なようだ（諸説あり）。貧乏人が震えているのは寒さのためだけではなく「ああ金がない。月末の支払い、どうしよう」という心情もあるのだろう。

貧乏揺すりはマナー違反なのだから、やめればよいのかというと、そんなことはない。この行為には、ストレスの緩和だけでなく、血行をよくするセロトニンの分泌を促すなどの効果がある。セロトニンは「幸せホルモン」と呼ばれ、うつ病予防にも効果的だともいう。

会社ではダメでも、自宅で1人のときは、思いきり貧乏揺すりをしよう。

指をポキポキ鳴らすのは意外にも、こんな心理のとき

手の指を引っ張ると、ポキポキと音がする。誰でもというわけではなく、音がする人もいれば、しない人もいる。

この指をポキポキさせるしぐさだが、これが表す心理は2通りある。

まず、自分の体力と腕力に大きな自信をもっている。

マンガやアニメなどで、ケンカや格闘の前に指をポキポキと鳴らすシーンがある。ここから、指をポキポキさせるのは強い人物というイメージが生まれ、**腕力に自信があることを示すしぐさ**ということになった。

しかし、実際の社会では、指をポキポキさせてケンカをすることはまずない。たまに殴り合いがあったとしても、たいていは酔っ払ってキレたという程度で、指をポキポキさせている余裕などないだろう。

指をポキポキ鳴らすしぐさが示す、もう一つの心理は、**リラックスしている**ということだ。

実際に、このしぐさが癖になっているという人は5人に1人の割合でいるとい

う。この音が出せる人は、ポキポキすることで気持ちよさを感じている。しかも不安な状態ではあまりしない。リラックスしていると、ついこの癖が出てしまうのだ。

ちなみに、マンガやアニメが好きな人ではポキポキする人の割合が高いそうだ。

小指を立ててマイクを握る男性は、どんな人か

カラオケでマイクを持つとき、小指を立てる女性がいる。男性もたまにいる。このしぐさは、いったいどういう心理を表しているのだろうか。

これはそもそも心理ではなく、身体の構造だという説がある。人間は手で何かを強く握ろうとすると、同時に手首が曲がらないように、手首を伸ばす筋肉が働く。この筋肉が小指に繋がっていて、自然と小指が上がってしまうというのだ。

たしかにこの説は説得力がある。

しかしカラオケの場合は、自然にというより、明らかにポーズ、あるいは所作（しょさ）として小指がピッと立っている人が確実にいる。

これは、**無意識に女性らしさをアピールするしぐさ**でもあるのだ。

ではなぜ、小指を立てると女性らしいのか、これにもいくつか説があるが、もっとも有力なのは、上流階級のマナーが発祥という説だ。

かつて上流階級の女性たちは、いつも紅茶を飲んでいた。ティーカップの小さな持ち手を持つときに小指はいらない

し、カップをソーサーに置くときに小指をクッションにして音を消すことが、上品なマナーとされたのだ。

以来、小指を立てるしぐさそのものが女性っぽいと見られるようになったといわれる。

では、小指を立ててマイクを持つ男性はどうか。

このポーズは、どうしても目立つので注目を浴びがちだ。無意識にこのポーズを選択する人は、目立ちたがり屋でナルシシストの傾向があるといえるだろう。

女性からのボディタッチ。その意味するところは？

飲み会などで場が盛り上がったとき、隣の女性がやたらとボディタッチしてくる――。そんなとき、男性ならば、

「もしかして、このコ、普段からボクに好意をもっている？」

と考えたくなるもの。はたして、触ってくる心理をどう読めばいいだろうか。

彼女が泥酔（でいすい）していた、もしくは単に酒癖が悪いという場合は置いておくとして、問題はどこにタッチしてきたかだ。

たとえば肩。話のはずみで軽く肩に触れてくる程度なら、異性としてはほとんど意識していないと思っていい。仲の良い飲み友達という認識だ。

腕に触れてきたら、多少は異性として見ていると判断できる。腕は男性の「強さ」の象徴であり、女性は男性の筋肉を直接感じることで異性を意識するはずだからだ。

足、**たとえば太ももに触れてきたら、さらに異性としての意識は高い。**普通、日常生活ではほとんど触れることのない場所だからだ。

もっともボディタッチされたからといって、すぐに「脈ありかも」と考えるのは早合点かもしれない。

一般に、社交的で男友達が多いタイプの女性はボディタッチへのハードルが低いからだ。逆に清純派タイプは、めったに触れてこない。

頭を掻きむしるのはストレスと緊張から

ボサボサの髪を伸び放題にしている芸術家がいる。創作に行き詰まって「んんんんん〜！」などと唸りながら、頭を掻きむしったりする姿がいかにも似合いそうだ。

芸術家でなくても、頭を掻きむしる、あるいは頭を掻くしぐさをすることはある。このように頭を掻きむしるのは、**強いストレスと緊張を感じているからだ。**

集中している仕事に行き詰まったときもそうだが、他にも、言いたいことがたくさんあるのにうまく言えない、思考がこんがらがってどうしていいかわからなくなったときにも、人は頭を掻くしぐさをする。

実際「強いストレスを感じると、本当に頭が痒くなる」ことが、医学的に証明されているそうだ。

脳には大後頭神経という神経があり、後頭部から頭頂部に向かって伸びている。ストレスを感じると、この神経が刺激される。そうすると、無意識に頭を掻いてマッサージすることで興奮を抑えようとするのだ。

また、緊張すると頭に血がのぼる。すると余計に頭の神経がむずむずするので、頭を掻きたくなる。

芸術家が頭を掻きむしるのは、深遠なる創造の神秘を求めて……というよりは、ただ単に頭が痒いだけなのかもしれない？

髪の毛を引き抜くしぐさは メンタルが危うい証拠?!

髪は女性の美しさの象徴。だからこそ、多くの女性は髪の手入れに熱心だ。しかし、中には自ら髪を引き抜いてしまう人がいる。いったいどのような心理からなのだろうか。

これは、**強いストレスに起因する場合が多い。精神疾患の一種である「抜毛症(ばつもうしょう)」の可能性もある。**

髪の毛を引き抜くことは、リストカットなどと同じ、自傷行為の一つ。つまり自ら身体を傷つける行為である。

自分ではやめようと思っているのに、どうしてもやめられないという場合もあるし、知らず知らずのうちに抜いてしまっているという場合もある。

学校や職場などの人間関係に悩んでい

る人に多い。大人にも見られるが、子供に多いことも特徴だ。

最初は、髪の毛を抜くと気持ちが落ち着く。そのうち、抜くこと自体が快感になってくる。だがそれが続くと、今度はこの癖が治らなかったらハゲてしまうのではないかと不安になって、余計にストレスを抱え込むという悪循環に陥る。

この癖をやめるには、ストレスの原因を取り除くことが望ましい。いずれにせよ、一度、心療内科の医師の診断を受けることをおすすめする。

爪を噛む癖を放っておくのはリスクが高いかも

人はなぜ爪を噛むのか。モントリオール大学の研究チームがある実験をした。

ストレス、リラックス、退屈、不満という4パターンの環境で、爪を噛むという反復行動がどのように出現するか調べた結果、「ストレス」や「不満」がこの癖の原因になっていることがわかった。

フロイトによれば、爪を噛む癖は、口唇期（12ページ参照）に母親の愛情が十分に与えられなかったなどの問題があった人に出やすいという。要するに、何か口に入れていないと落ち着かないのだ。

だからストレスや不満が強くなると、頻繁に爪を噛むことになる。リラックスしているときは、まずこの癖は出ない。

また、ストレスと不満を感じる＝完璧を求めることの裏返しとも解釈できる。

つまり、完璧を求めるほど目標は達成しにくくなり、達成できなかったことでストレスやフラストレーションを溜め込む。それをうまく発散できないと、自分の爪を噛んでしまうのだ。

そうなると癖というより、むしろ病的な症状ともいえ、爪のカタチが変わるほど噛んでしまうこともある。ここには自傷行為も混じっている。

つまり、**精神的に追い込まれているだけでなく、自分に対する嫌悪感があるときに爪を噛んでしまう**ことが多い。大きくなっても爪を噛んでいる人は、精神的に大人になりきれず、ストレスに弱く、細かいことにくよくよしがちといえる。

女性が髪を触るのは「もっと見てほしい」から

シャンプーのCMは女性をターゲットにしたものだが、男性だってけっこう目の保養になっている。旬の女性タレントが起用されていることもあるが、CMの演出で必ずなされる女性が髪を触るしぐさは、男性にアピールするしぐさでもあるからだ。

髪は女性の象徴であり、性感帯ともいわれている。それを男性の前で強調して見せることは、意識的にせよ、無意識にせよ、**「もっと自分を見てほしい」という気持ちの表れ**なのだ。

さらに、誰かに触ってほしいという気持ちをなだめるために、自分で触るという心理もある。女性と話しているときに相手が頻繁に髪を触るようなら、あなたに好意をもっているのかもしれない。

しかし、女性が髪を触るしぐさには、

まったく逆の心理による場合もある。退屈なとき、目の前の人・物に興味がないときも、このしぐさをするからだ。

この二つの心理、いったいどのように見分けたらいいだろうか。

それは、触り方を見ればわかる。優しく撫でるように触れたり、後ろにサッと払ったり、かき上げたりしていたら、好意と思っていい。

一方、毛先をクルクルと指でいじっていたら、退屈している証拠。枝毛を探しはじめたら、もうアウトだ。

襟元や第一ボタンを弄ぶ意外な心理とは?

落語は、上半身のしぐさだけで、さまざまなキャラクターを演じ分ける。同じ女性でも、長屋のおかみさんと花魁ではしぐさが違う。たとえば、襟をつまんでちょいと直すようなしぐさを入れると、色っぽく見える。

なぜ、襟を直すと色っぽいのか。それは衣服を脱ぐことを意識させるしぐさだからだ。現代であれば、女性の場合、ブラウスの第一ボタンを弄ぶしぐさがこれに該当する。

無意識のうちに、目の前の異性を性的な欲求の対象として見ており、そんな心理が、襟元に手をやる、ボタンに触れるというしぐさに表れる。

男性の場合も、同じことがいえる。異性と話しているときに、やたらとネクタイをいじったり、ジャケットの襟を触ったりするようなら、目の前の女性に好意をもっていると思っていい。

また、男性の場合は、緊張や不安を感じたときも、シャツの襟に手で触れることがある。

首は重要な血管が通る急所だ。不安を感じると、急所を守ろうとする心理が働く。また緊張すると体温が上がり、汗をかく場合もある。男性はシャツの襟を締めていることが多いので、ここが気になりだすのだ。

これもまた、目の前の女性を意識して緊張していると解釈することもできる。

まっすぐ見つめてくる人は何を考えている?

魅力的な異性と話をしているとき、相手がじっと見つめてきたら、どう感じるだろうか。実は、視線を逸らさずまっすぐ見つめるというしぐさには、3つの心理状態が隠されている。

①相手に好意をもっている場合…人は好きな人・物が目の前にあれば、常に視界に入れておきたいと思う。そのため、好きな人と話すときは視線を逸らさず、まっすぐ見つめる傾向がある。

②敵対する相手に挑む場合…ボクシングの試合前や相撲の立ち会いで、視線を逸らしたほうが負けだといわんばかりに、互いにじっと見つめ合うシーンがある。相手を威圧しようとする意思を、視線に込めているのだ。

③嘘がバレないように隠すとき…嘘をつくと、人は本能的に目を逸らしてしまうもの。だから、あらかじめ覚悟をもっ

て嘘をつこうとするときは、あえて相手の目をしっかり見て、視線を逸らさない。そうすることで「これは本当のこと。嘘ではない」というメッセージを相手に送ろうとするのだ。

異性と話しているときにまっすぐ見つめられたら、3つのケースのどれに該当するのか、しっかり読み解こう。

先に視線を逸らす人は意外や、積極的で行動的

初対面の人に会うと、ひと言ふた言挨拶を交わして、サッとすぐに視線を外してしまう人がいる。

こういう人は、あまり積極的な人ではないのかと思ってしまいがちだが、実はその反対。積極的で行動的な人である可能性が高いという。

イギリスのエクセター大学で、ある心理実験が行われた。

テーブルの中央に仕切りを置き、その両側にそれぞれ被験者を座らせる。仕切りを取り外したときに、どちらが先に視線を逸らしたかを観察し、性格チェックの結果と照らし合わせたのだ。

その結果、**積極的で行動的な性格の人ほど、先に視線を逸らす傾向があること**がわかった。逆に、消極的な性格の人が先に視線を逸らすことは、少なかったという。

この結果について、積極的で行動的な人ほど、外部からの刺激に敏感に反応し、すぐに行動に移すことができる神経回路の持ち主だからだろうと、専門家は分析

している。

とはいっても、最終的にはさまざまなしぐさや言動から総合的に判断しなければ本当の心理はわからない。いかにもおどおどして臆病(おくびょう)そうな人が、サッと視線を逸らしたからといって、「実は行動的な人だ」ということにはならないだろう。

チラリと見て目を伏せるしぐさが物語る感情とは

チラリと見る、いわゆる「チラ見」だが、このしぐさをする心理にはさまざまなケースがある。

露出度の高い服を着た女性を、男性がチラ見した場合。これは明らかに目の保養を楽しんでいる。逆に女性が男性をチラリと見る場合、その後の目の動きに注目だ。

チラリと視線を送ってきた女性と目が合ったとしよう。このとき、彼女がバツが悪そうに反対の方向に視線を逸らしたら、あまりいいサインではない。もしかすると「今日の服装、ダサッ」などと、ファッションセンスを酷評されているかもしれない。

だが、チラ見してきた目をそのまま静かに伏せたら、少し期待がもてる。

アメリカの社会学者アービン・ゴフマンによれば、このしぐさは「私はあなたを恐れていない」という心理を表してい

るという。

さらに、そのチラリの視線が、やや上目遣いで仰ぎ見るようなしぐさだったら**恐れていないだけでなく、尊敬の気持ちが含まれているという**。

男性は、好みの女性とチラリと目が合うと、もしかして好意をもたれているのでは？　と、つい都合よく解釈してしまいがちだが、ポイントは「チラリ」ではなく、「目を伏せる」ほうにあることを覚えておこう。

横目で見るしぐさには2通りの心理がある

もしも、異性の友達や同僚が、あなたのことを横目でチラチラ見ていたら興味をもっている証し。しかし、同じ「横目で見る」でも、チラ見ではなく、睨むような視線を送っていたら、あなたを「信用できない」として警戒していると考えられる。

横目で見るのは、**堂々と正面から見ることはできないが、それでもそっぽを向くわけにはいかない、目が離せないという心理が働いている**。

横目で〝チラ見〟するのは、恥ずかしくて堂々とは見られないが、気になるから。横目で睨むのは、正面からは「ノー」といえない、だけど、目を離すと危険かもしれないので警戒しているからだ。

そう、横目で見るというしぐさは、場合により異なるさまざまな心理を表しており、そこにはけっこう複雑な思いが込められている場合もある。

青春映画の黄金パターンに、優等生のヒロイン&落ちこぼれ男子という組み合わせがある。最初、ヒロインは「こいつ、信用できない」と男子を横目で睨む。それが、やがて「なんだか気になる」の横目のチラ見に変わっていって……。

もしも、異性に横目で睨まれたら、まずは進展を期待せず、信用を勝ち取る努力をしよう。

袖口や腕時計を触るのは「小心者」に多い癖

スピーチやプレゼンのときなど、人前に立つとしきりに袖口を気にしだす人がいる。買ったばかりのスーツの袖丈がどうもしっくりこないとでもいうように、軽く引っ張ったり、シャツの袖口を整えたり。そのうち、腕時計をいじりだしたりする。

このしぐさも、緊張や動揺をなだめようとする「なだめ行動」だ。**どうにも落ち着かないから、身体のどこかを触ることで落ち着こうとしている**のだ。

それを身体の前面で行うことは、無意識に身体の前に防御壁をつくろうとしていると解釈できる。女性の場合、バッグを身体の前に持ってきて、しきりに位置を調整するしぐさをすることがあるが、これも同じ心理からくるものだ。

このしぐさ、見ていてもどうにも落ち着きがなく、いかにも緊張しているのが丸わかりになってしまう。結婚式のスピーチでそうなってしまうならそれも愛嬌だが、大事なプレゼンのときなどは、意識してどっしり構えてみせるほうが効果的だろう。

アメリカでのデータだが、オフィスで袖口をやたらと触る人は、小心者であることを見抜かれて、上司や同僚から雑用を頼まれる確率が高いという。

袖口を気にすることのないよう、スーツのサイジングは慎重に。

膝同士が触れ合う関係は発展の可能性あり！

最近は草食系と呼ばれる男子も多く、男女が2人で飲んでいても、友達同士なのか、恋人同士なのか、よくわからない場合も多い。まわりの人もわからなければ、当人たちにもよくわからないということもある。

たとえば、飲み屋のカウンターで話し込んでいるうちに、互いの膝がたびたび接触するのに気付いたら、相手の心理をどう読んだらいいのだろうか。

膝が当たるということは、自然と距離が近づいてきているということだ。人間には、他人をこれ以上近づけたくないというパーソナルスペース（87ページ参照）というものがある。これは2人の関係によって異なり、関係が近ければ近いほど互いの物理的距離も縮まっていく。

一般に、友人同士なら45センチ〜1・2メートル。つまり、45センチ以内に近づくことに抵抗を感じるはずだ。ちなみに恋人同士なら0〜45センチ。つまり、ボディタッチもOKという関係だ。

さて、膝が触れるほどの距離というこ

とは、明らかに45センチの壁を越えている。もしも、あなたが偶然にも相手の膝に触れてしまったとき、相手が腰をずらして座り直したら、相手はこの距離を快適に感じていない。

逆に、**たびたび膝が触れても気にしない様子なら、あなたに気があるということだ。**友達以上恋人未満の関係が、発展に向かうかもしれない。

キスが愛情表現となったのは本能か、学習の賜物か

キスというしぐさがどういう心理を表すのかについては、あえて言うまでもないので割愛するとして、なぜ人はキスをしたくなるのか。

その心理は本能なのか、それとも学習して体得した習慣なのか。この問題にはまだ決着がついていない。

進化論で有名なダーウィンは学習派だ。ダーウィンによれば、ニュージーランド、タヒチ、パプア、オーストラリアの人々、アフリカのソマリ族、イヌイットなどはキスの習慣がないという。これは、1872年の『ヒトと動物の感情の表現』という著書に書かれている。

この場合の「ニュージーランド」とは、当時のニュージーランドの原住民のことだろう。今のニュージーランドの人がキスをしないということではない。

一方、キスは本能だと主張する人は、人間以外の動物にもキスに似た行為が見られることを指摘する。チンパンジーは、ケンカの後に仲直りのキスをするし、ボ

ノボという猿は〝フレンチキス〟をするらしい。

本能派は、キスの起源は動物が成長の過程で親から口移しで食べ物をもらう行為だと主張する。しかし親子の情愛が、なぜ男女の性愛の表現になったのかはわかっていない。

最近の研究では、キスは互いの遺伝子を交換し、確認する行為だという説も出ている。

人は、免疫に関わる遺伝子がもっとも自分と遠い配列の異性に惹かれる傾向があるという。より免疫性能の高い子孫を残すためだ。そのために、キスをすることで、相手のＤＮＡのヒントを嗅ぎ取っているのではないかというのだ。

学習か、本能か、それとも科学か。いずれにせよ、キスというしぐさが、強い情愛を表していることは確実だ。

第2章 あの人の特徴的な話し方・口癖からわかる心理

◉例えば、モテ自慢には二つの心理パターンがある

が大きい人は、やっぱり自己顕示欲が強い

社会では、声が大きいほうが有利なことが多々ある。たとえば、寿司屋。カウンターで同時に注文しても、声が大きい人のほうが通りやすい。

では、声が大きいということは、どのような心理によるものだろうか。

もちろん地声が大きいという人もいるが、たいていは自己顕示欲が強い。**自分の存在を認めてもらいたい**という気持ちがあるのだ。

この欲求は、本来誰にでもあるものだ。「仕事ができる、成功している」と自負している場合は、それを認めてもらいたい心理が自信たっぷりな態度に表れ、声の大きさにも表れる。

こういう上昇志向の強いタイプは、わざと大きな声を出して、相手を圧倒しようという心理もある。

逆に一匹狼タイプも、声が大きくなる人がいる。自分の生き方を周囲に認めてもらいたいという類の自己顕示欲だ。

声が大きい人は、また、自己中心的で他者の意見を聞かない傾向がある。はっきりいってしまえば、やや無神経なところがあるのだ。

逆に小さい声で話す人は自信がない人だといえる。

場の空気を考えず大声で話すのは、自分ばかりをアピールして客観的に見ることができていない。相手の立場に立って考えることが苦手ということでもある。

早口でしゃべる人は心に余裕がない証拠？

よくいわれることだが、早口でしゃべる人は、頭の回転が速い人だ。話そうとする内容が次から次へと出てきて、それに追いつこうと早口になってしまう。

あるいは、話そうとする内容について、瞬時にその結論までわかってしまうから、一気に話してしまおうとする。すると、どうしても早口になるのだ。

しかし、早口でしゃべる頭の回転の速い人＝頭のいい人かというと、これには異論を唱える人も多いだろう。

早口の人の話は自己完結している場合が多い。話しはじめたときには話の筋道から結論まで、すでに頭の中に出来上がっている。だから自己評価したり他人の意見を加味したりができないのだ。

聞き手が途中で口を挟む余地がない。逆にいえば〝口を挟まれる〟余裕がない。だから話の途中で、

「ちょっと待ってください。AがBだった場合はどうなんです？」

などと、想定外の質問をされると、即座に納得のいく答えを返すことができないことが多い。

要するに、早口の人の話は疲れる。本当に〝頭のいい人〟とは、相手のペースに合わせて話ができる人なのだ。

丁寧な言葉遣いを崩さない人の心理とは

職場の仲間や、子供の親同士など距離感の判断が難しい集まりの場合、最初に挨拶をするときは、

「今日からこちらに配属になりました、○○です」

などと敬語だが、同い年だとわかると、いきなりタメ口になる人がいる。

ここまで極端ではなくても、普通は親しくなるにつれ、しだいに普段の会話もフランクになっていくものだ。

ところが、いつまでたっても、丁寧な言葉遣いを崩さない人がいる。

「○○さん、このファイルは元に戻してよろしいですか？」

「はい、その方針で異存はございません」

という具合だ。こういう態度を取る人は、この先も親しい関係にはならないと決めている。

あなただけでなく、誰に対しても丁寧すぎる言葉遣いを通しているのであれば**距離を縮めることを恐れている**。自分のまわりにバリアを築いて他人を近づけない、警戒心の強い人といえる。

こういう人と近づきたいと思ったら、まず、自分はあなたの敵ではないということをアピールして、警戒を解くことから始める必要があるだろう。

女性が声のトーンを上げるのは好かれたいから

表情や手の動き、態度など目に見える

情報から、相手の心理を読み取ることができる。

しかし、目に見えない情報にも、心理状態を判断するための多くのヒントが隠れている。たとえば、声のトーンだ。

いつもより話す声のトーンが少し上がるときは、相手に好かれたいと思っている証拠。たとえば、営業の電話に出るときもそうだろう。

「はい、○○商事です。いつもお世話になっております」

などと、普段のトーンよりもやや高めになるのは、明るい声で好印象を与えたいという心理の表れだ。

特に女性の場合、異性に対しては声のトーンを〝本能的に〟使い分ける傾向がある。

高い声は、女性にしかない特性の一つだ。だから、**気になる男性に対しては、本能的にトーンが一段高くなる。**

もちろん男性にとっては、女性の高い声に異性として惹(ひ)かれるのは本能。そんな男性の本能を、女性はよくわかって使い分けている。

あなたが、気になる女性と話しているときに、別の男性から電話がかかってきたとしよう。

「あ、○○先輩！　この間はごちそうさまでした！　すみません、今打ち合わせ中なのでかけ直します」

と妙に明るいトーンで答えた後、

「で、なんの話でしたっけ」

とトーンを1オクターブ落とすようなら、脈はないと思ったほうがいい。

「え?」と頻繁に聞き返す人の"身勝手"な本心

打ち合わせ中、こちらの問いかけに、必ず「え?」と返してくる人がいる。

「会場のお弁当の手配ですが、30個でいいですか?」

「え?」

「お弁当は30個で」

「ああ、それで問題ないから」

という具合だ。こういうタイプは自己中心的な傾向がある。

頭の中は自分の論理で動いていて、相手のペースに合わせるつもりはまったくない。人の意見は聞く価値がないと思っている。だから、発信はすべて自分がし、何かを質問されるということを想定していない。そのため、問いかけられると、必ず「え?」と反応してしまう。

また、こういう人は、**自己防衛本能が強い人でもある。**

投げられた問いかけを素直に受け入れる代わりに、まず反射的に「え?」と拒否してしまうのだ。人との間にワンクッション置きたいという心理の表れで、人間不信の傾向があるともいえる。

もちろん、理解力が低かったり聴力が弱いこともある。あるいは、嫌な問いかけに対して即座にNOという代わりに聞き返すフリをして、やり過ごそうとしているという場合もあるだろう。

その場合でも、「え?」と聞き返されたら、イラッとせずに我慢強く対応したほうがいい。

「す」みません」が口癖の人は実は反省などしていない

人に謝るのが大嫌いという人がいる一方で、「すみません」と謝ってばかりいる人もいる。こういう人は口癖になっていて、「はい」と返事をする代わりに、まず「すみません」といってしまう。

「〇〇くん、例のプロジェクトの進捗(しんちょく)はどうかね」

「すみません、お陰さまで順調です」

まったく謝る必要がなくても、つい口をついて出てしまうのだ。

こういう人は、**自己評価が低く、自分に自信がもてない人**だ。

幼少時に両親に認めてもらえなかったり、十分な愛情を受けられなかったり、あるいは、成長途中で大きなミスや失敗をして、それがトラウマになっているという場合もある。

謝ってばかりなのだから、マメに反省しているのかというと、むしろまったくしていない。**「すみません」には防御の意味もある**からだ。

「自分はダメだ」ということが前提となっていて、先回りして謝る。だから、いくら「ダメじゃないか」と諭(さと)しても、それは本人の中では織り込み済み。暖簾(のれん)に腕押しになってしまうのだ。

もし、あなたの部下がこのタイプだったら、ダメなところより、いいところを見つけて褒(ほ)めてあげるとよいだろう。認められて自信がもてるようになると、人間、案外変わるものだ。

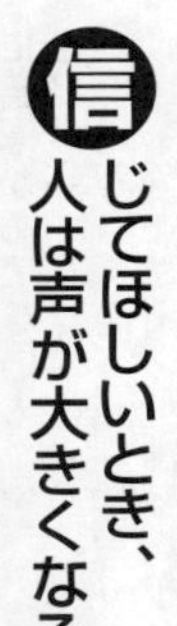

信じてほしいとき、人は声が大きくなる

声の大きい人は、普段から何でも大声で話す。これは別項（50ページ参照）で解説したように、自己顕示欲が強く、上昇志向が強いタイプだ。

しかし、普段はさして〝声の大きい人〟でもないのに、あるときだけ、大きな声で話す場合がある。

「わたしが交差点に進入したときには、信号は青だったんです。間違いありません。調べてもらえばわかりますから。神に誓って本当ですって！」

こういうとき、つい声が大きくなるのは、どうしても信じてもらいたいという気持ちの表れだ。

人は、自分のいいたいことを相手に伝えたいという思いが強くなると、自然と声が大きくなる。

これは逆に、**大きな声でしゃべっている人を見ると、何かを伝えたいという強い気持ちを感じる**ということだ。

たとえば、テレビの通販番組。男性が大きな声で商品を褒めまくり、勧めまくっている。大きな声で勧められると、それだけ伝えたいことがあるのだろうと思ってしまう。これだけ自信をもってアピールしているのだから信用してもよいだろうという心理が働くのだ。

逆に、小さな声でもじもじと話されたら、たとえ「ただ今から30分、1万円お引きします」と言われても、考えてしまうのが人の心理だ。

独り言をいう人は子供っぽい人だって?!

　もしも、誰もいない森の中で木が倒れたら、その木は〝音〟を出したのだろうか。これは、アイルランドの哲学者ジョージ・バークリーが投げかけた有名な問題だ。

　独り言も、この木の音に似ている。誰も聞いていないとわかっているのに独り言を呟(つぶや)いてしまうのは、なぜだろうか。

　独り言をいう心理には、さまざまなパターンがある。

　1人きりの部屋での独り言、これは自分に刺激を与えるためと考えられる。人は外からの刺激がなくなると、思考力が低下し、時には幻聴や幻覚が現れることもあるという。そこで平常心を保つために、自らに刺激を与えているのだ。

　一方、周囲に人がいるときの独り言は、誰かにかまってほしいという心理から出ている場合がある。「ああ、めんどくさい！」などと呟くことで、誰かに「どうしたの？」と聞いてもらいたいのだ。

　また、仕事に行き詰まったとき、迷っているとき、怒られたときなどに、ブツブツと独り言をいう人もいる。これは、**退行現象の一つ**と解釈できる。

　子供は「おいしそうだな」「どうしようかな」「いやだな」……など心に浮かん

だ声を、そのまま口に出しやすい。3～4歳くらいの時期に見られる行動で、5歳前後にはだいたいなくなるものだ。

だが、大人になっても、心理的にストレスを感じると、こうした〝子供っぽい行動〟がつい出てしまう。だから、独り言の多い人は、どこかに子供っぽいところを残している人といえる。

なぜ、言い間違いは〝本心の表れ〟といえるのか？

たとえば、部長がAさんに任せたプレゼンの結果を、

「Bくん、例のプレゼンの結果、どうだった？」

と名前を間違えて呼んだとき、部長は本当は、そのプレゼンをBさんにやってもらいたいと思っていたはずだ。

言い間違いには、実は本音が表れていると心理学者フロイトはいう。

人間には無意識の領域がある。本当は心の中でそう思っている、そう望んでいるのに、本人さえもそれに気がついていない。あるいは、抑圧して意識に出てこないようにしている。そのことに、フロイトは気がついた。

フロイトによれば、言い間違いは、抑圧された無意識が思わず表出してしまったもの。だから、**言い間違えは単なる間違いでなく、その人の本音でもあるのだ。**

言い間違えといえば、よく政治家が失言をして、後で「誤解を招いた」などと弁明するが、失言こそ本音であることは誰の目にも明らかだ。

質問を質問で返す人のバレバレな心の内とは

「あなた浮気してるでしょ、どうなの?」

「な、なんだと。それじゃあ、そういうお前はどうなんだ?」

　こんな答え方をしたらバレバレである。明らかに「している」。明確に否定しないからだ。

　嘘をつくときにはストレスがかかるので、ちょっとしたしぐさにも表れてしまう。できれば、嘘はつきたくない。「一点の曇(くも)りもございません」などと平然と言える人は、根っからのウソつき体質なのだろう。

　普通は、「浮気してるでしょ」と問い詰められたとき「してないよ」と**嘘の答えをしないですむように、とっさに質問返しをしてしまう**のだ。

　この他、質問の文言を繰り返す、答えにならない答えを返す、明確に否定しないなどの行動は、すべて時間稼ぎ。それが〝答えられない質問〟であることを示している。

　たとえばこんなふうに。

「え〜、私が浮気をしているかどうか(繰り返し)。大変よい質問ですね。浮気というものは不倫ともいわれ、洋の東西を問わず不誠実な行為とされているわけですが(答えになっていない)、今のご質問は事前の通達がありませんでしたので、この場ではお答えいたしかねます(否定しない)」

　クロと見て間違いない。

男女で異なる「忙しいアピール」をする理由

打ち合わせに少し遅れてやってきて、「いや〜ごめんごめん、バタバタしてて。もう身動きとれなくてさ〜。昨夜も2時間しか寝てなくて……。で、なんの打ち合わせだっけ？」

などとまくし立てる人がいる。何がいいたいのかわからないが「忙しい」ということだけは理解できる。

でも、本当に忙しい人は、こんな「忙しいアピール」はしない。さっさと打ち合わせを済ませようとするだろう。

「忙しいアピール」をする男性は、要は「仕事がデキる男」だと思ってもらいたいのだ。仕事がデキる、だからみんなが頼ってきて仕事が集まる。ゆえに忙しい。それをわざわざアピールするのは承認欲求が強い、つまり、**自信がないから他人に承認してもらいたいわけだ。**

あるいは、忙しそうに飛び回る自分に酔っている。若干ナルシシストの気があるかもしれない。

女性の場合は、仕事がデキると思われたいというよりは、むしろ「かまってほしい」「甘えたい」という心理が大きいだろう。誰かに「大変だね〜」といって慰めてもらい、弱音を吐きたいと思っているのだ。

あまり「忙しいアピール」をされるとうっとうしいものだが、たまには周囲が愚痴(ぐち)につき合ってあげると、何事も円滑にいくかもしれない。

モテ自慢には二つの心理パターンがある

モテ自慢には二つのパターンがあるという。一つは、不特定多数に向けて自慢する場合。

「こう見えて、昔はけっこうモテたんだよね」

などと飲み屋で自慢する上司はいないだろうか。これは「オレは、実はスゴいんだぞ」と自慢している。つまり、本当は自信がないので、高評価を取り戻そうとしているのだ。

「昔はモテた」ならまだいいのだが、「社会人となった今もモテる」と自慢する人は要注意だ。異性にモテることが最大の評価軸だったのは思春期の話で、社会に出たら、仕事がデキる、人格者であるなどを評価基準にすべきだろう。

それなのに、**いまだにモテることを自慢するのは、どこか成熟していない部分があると**見ていい。

もう一つは、特定の異性にだけ自慢する場合。

「実はわたし、合コンとかで狙われやすいタイプなんだよね」

などと、2人きりのときに言ってくる。これは、**自分の価値を高めようとしている**のだ。商店の値札や居酒屋のメニューに「人気商品」「当店人気No.1」な

どと書いてある場合があるが、あれと同じで「人気商品だから私を注文してね」とアピールしているわけだ。

いずれにせよ、モテ自慢をする人が実際にモテるというケースは少ない。

ダメ出しばかりする人はデキる人か、自信がない人

「そのやり方じゃ、うまくいかないよ」

「この企画はよくできてるけど、○○のツメが甘いね」

などと、何かにつけてダメ出ししたりケチをつけたりする人がいる。いったいどういう心理なのかというと、二つのケースが考えられる。

一つは、**能力もあり、かつ完璧主義者**である場合。本人は、間違いなく相手のためを思って言っている。しかし、合格ラインを高く設定しているため、なかなか合格の判を押せないのだ。

いわゆるデキる人の中には、自分の流儀というものがあり「このレベルのクオリティでなければ、自分の仕事としてNGとしている。よって、周囲にも同じレベルを求める」というスタンスで生きている人がいる。

しかし、いうまでもなく何事も正解は一つではない。さまざまな不確定要素を飲み込めばいくつもの〝正解〟があるはずだが、なまじ完璧主義になっているとそこに気がつかない。

もう一つは、**自分は〝デキる〟とアピールしたい、でも自信がない**という場合。ダメ出しするのは、自分のほうが上だと

見せつけたいからだ。
いずれにせよ、あなたがダメ出しばかりするタイプなら、周囲をイライラさせている可能性があることを知っておこう。

急に無口になるのは悩み事があるから?

恋愛ドラマの展開で、友達同士だった2人が最後は恋人に、というパターンがある。いつものように他愛のない会話の最中、急にお互い無口になって……。

急に無口になるということは、**言いたいことはあるのだけど、それを口に出して言えない**、あるいは、口に出して言ったらいけないのではないかと察知している、という心理を表している。

このドラマの2人の場合、恋愛感情に気付いてしまい、しかし、それを口に出せないという意味の無口状態で、たいていはこの後キスシーンということになる。

しかし、無口になったからといって、必ずしもその後に良い展開が待っているわけではない。

たとえば、会話の最中、相手の発言にカチンときた場合、急に無口になったりする。文句を言いたくても口に出せば言い争いになってしまう。そこでぐっと我慢し、無口になることで〝無言の抗議〟をしているのだ。

あるいは、話の内容から、急に相手の評価を落としてしまったときも同様だ。

「なんなのこの人、ぜんぜんダメじゃん」などと思ったら、やはり急に無口になる。これは女性に多いパターンだ。

以上のように、会話の途中で急に無口になるのは要注意だ。話すことに夢中で相手が無口になったことに気付かないでいると、修復不可能になる場合もある。

一方、その日は最初から無口だという場合は、何か悩みがあって人に迷惑をかけたくないので黙っているということも考えられる。

オーバーリアクションの人は「かまってちゃん」

最近は「リアクション芸」などといって、大袈裟にリアクションすることが、お笑いの一つのジャンルとして確立している。そんなテレビの影響もあってか、やたらとオーバーな受け答えをする人がいる。

「さっき、１００円拾ったんだけど」
「マジかよ！　やべーよ、それ！　スゲーよ！」

なぜ、１００円ぽっちでここまでオーバーなのだろうか。それは、相手に喜んでもらいたいと同時に、場を盛り上げる人になって、自分も好かれたいという心理が働いているのだ。

相手のことを盛り上げているようで、自分に注目してほしいという欲求もある。基本は目立ちたがり屋で、感情表現が豊か。人に注目されるのが好きなタイプだ。

また、常にハイテンションのキャラを演じることで、かまってほしい、いじってほしいという一面もある。**本来の自分に自信がもてないので、盛り上げ役を買**

って出ることで、居場所を確保しようとしているのだ。

しかし、度が過ぎると違和感をもたれてしまう。自分のペースで周囲を振り回していることもあるので、周囲からしたら「うざい」と映ることもある。

席で説教をする人の意外な心理

最近は、会社の飲み会に参加しないという若者も多い。そんな若者がもっとも嫌うのが「お酒が入ると説教を始める上司」だ。

今時、飲み屋で説教などヤボの極みであることは、誰でもわかっている。それでも「上司」という人種は、一定量のアルコールが入ると、説教モードのスイッチが入ってしまうものなのだ。

説教好きにはいろいろなタイプがいるが、まず、厳格でルールに厳しい人。仕事とは、会社とはこうあるべきだという理想像を明確にもっていて、その指針に忠実な人だ。

もちろん、価値観は人それぞれだと重重理解しているので、普段はあまり人に口を出さないが、お酒が入ると自制心が外れて説教モードに入ってしまう。

また、会社では存在感がないのに、なぜか酒の席で説教を始める人もいる。

こういう人は、**自分のスキルや実績を示して、キミたち若者より私のほうがまだまだ上だぞとアピールしたい**のだ。このタイプは日頃会社ではストレスを溜めているので、つかまると面倒くさい。

同じことを何度も言うのは嘘をついている！

「昨日は会社の同期の人たちと飲みに行って、気がついたら終電なくなってて。会社の同期の人たちと飲みに行くと、時間忘れるよね～」

こんなふうに、同じことを何度も言うときは、嘘をついている可能性が高い。嘘のアリバイを信じ込ませたいという心理から、何度も不自然に強調してしまうのだ。

つまり、**繰り返している部分が、どうも嘘くさい**ということになる。

この場合なら、どうも一緒にいたのは「会社の同期の人」ではなさそうだ。

もし、嘘をついていて、アリバイを作り上げているとしたら、その部分については詳細に話そうとする。

「同期って誰？　どこに飲みに行ったの？」

こういう質問には、

「○○ちゃんたちと、新橋の○○ってワインバーに」

などと、間髪を入れずに詳細に答えるはずだ。あまりに反応が速すぎると思ったら、それも嘘をついているサインだ。

そんなときには、相手の想定外の質問をしてみよう。

「そういえば、新橋の駅前に新しい家電量販店ができてたでしょ？」

こんな質問に、一瞬でもうろたえる素振りを見せたら、ますます怪しい。本当は誰と一緒だったのか、改めて追及する必要があるかもしれない。

会話中、頻繁にうなずく人の胸の内とは

会話中に頻繁にうなずくのは〝日本人あるある〟だそうだ。

「それでね」「うんうん」

「その店の餃子がね」「うんうん」

「とってもジューシーで」「うんうん」

「おいしいのよ～、わかる？」

「うんうん、わかるわかる！」

頻繁にうなずくのも、悪いことばかりではないだろう。適切なタイミングで相づちを打つようなうなずきなら、まるで漫才の掛け合いのように会話にリズムが生まれる。

しかし、頻繁にうなずくタイミングがずれているようなときは、話を聞き流しているサインだ。**話の内容に興味がない、もしくは、もういい加減切り上げたい**と思っている。

特に「はい」の回数が多くなったら、その度合いは強くなる。

「はいはいはいはい……」

こんなうなずきは「もうけっこうです」という拒否の心理を表す。

このような場合は、話題を変えて相手の注意を惹きつけるか、相手にバトンを渡して自分が聞き手に回るなどの工夫が必要だろう。

せわしなく相づちを打つ人は自己顕示欲が強い

「サラダの貝割れって、フォークで食べにくいよね」

「そうそうそう！」

「それから、水菜もやめてほしいよね」

「わかるわかるわかる〜！」

こんなふうに、相手の話に割り込み、せわしなく相づちを打つのは、隙(すき)あらば自分が話す側になりたいと思っている証拠。要は、虎視眈々(こしたんたん)とチャンスを窺(うかが)っているのだ。


自己顕示欲が強いタイプともいえるが、社交的で人との関わりに積極的という一面もある。


自分では、相手の話に乗ってあげて、話が盛り上がるように相づちを打ってあげていると思っているが、実は話の内容はそれほど聞いておらず、勢いで「そうそうそう！」などと言っていることも多い。その勢いに乗じて、

「そうそう！　あと、意外とコーンもやばいよね」

などと、おいしいところをもっていこうとする。こういうタイプは、いつも友達の輪の中心にいるようで、やりすぎると嫌われることもある。

表情がオーバーな人は意外や、警戒心が強いって?!

「へぇ〜、それ、すごく面白いね！」

と言いながら、目をまん丸く見開いてみせたり、

「そうなんだ〜、それは残念だったね〜」と言いながら、目を細めて眉間に皺（しわ）を寄せてみせたりと、話しているときの表情がオーバーな人、いないだろうか。

こういう人は、一見とても社交的な人で、感情表現が素直な人だと思いがちだが、実は、その反対である可能性がある。

オーバーな表情は、むしろ本心を相手に悟られることを警戒しているからだ。そのため、**本当の表情を隠そうという心理から、より大袈裟な表情をつくってしまう**。いわば仮面をかぶっているのだ。

こういう人は、本当は繊細で傷つきやすく、相手を警戒するあまり、本心を隠そうとしている。また、相手の話や場の雰囲気を盛り上げなくてはという強迫観念をもっているので、よりオーバーな表情になってしまうということもある。

人間、生きていく上で、ある程度の社交辞令は必要だ。だが、打ち解けるためには、素の部分を自己開示することも大切なのだ。

オーバーな表情は、最初は受け入れられても、いったん違和感をもたれてしまうと「あの人は、なんだか芝居がかっている」などと、かえってマイナスの印象を与えてしまうので、要注意だ。

カ　カタカナ語を多用する人はコンプレックスがある！

「キュレーション型ニュースアプリでのネイティブ広告なら、従来のバナー広告よりCPCを抑えられるはずです」

などと得意げにカタカナ語を交えて話

す人がいる。こういう人は、ひと言でいえば、**知識や才能についてコンプレックスを抱いている**ことが多い。

たしかに最近は、新しいカタカナ語が次々と登場して、当たり前のように使われるようになっている。

それでも、専門性の高いカタカナ語を、一定の共通認識をもたない場でも使用すると、相手が話についてこられない。当然、わかりやすい日本語に置き換えるなどの配慮が必要なはずだ。

それなのに、いつも自分が使っている通りの言葉遣いで通そうとするのは、「自分は最先端の知識をもっている」というアピールと、「この話に参加する人は、自分と同等の知識をもっていて当然だ」という自己中心的な性格が反映されていると見ていい。

こういう人は、相手が話についてこられないのは、知識・能力が足りないからだと考え、相手にもわかる〝共通の言語〟を使うというコミュニケーションの基本ができていない人。

つまり、思いやりに欠け、コミュニケーションスキルにも問題があるともいえるだろう。

で他人の悪口を言う人は自分に不満がある

陰口はよくない。それなら、面と向かって堂々と悪口を言えばいいのかというと、それもまた違うだろう。

面と向かって言えないことを陰でこそこそと言う人は、本人に直接言う勇気がない、臆病な人だともいえる。しかし、人を陰口に駆りたてるのは、それだけが理由ではない。

まず、陰でコソコソと悪口を言う人は、その人に不満があるというより、自分に不満がある場合が多い。もっと評価されたい、周囲に好かれたいという思いが、他者を貶める言動になって表れるのだ。

また、そういう人は、仲間外れにされることを恐れている。だから、他の誰かを生け贄にして、みんなで悪口を言うことで結束を固めるのだ。

アメリカの心理学者フリッツ・ハイダーは、**共通の敵をもつ者同士は互いに好意を抱く傾向がある**ことを発見した。

たとえば、アンチ・ジャイアンツ同士がジャイアンツの悪口で盛り上がるようにグループ内で特定の対象の悪口を言い合うことで、結束を固めるという。

「○○さんて、なんだか嫌な感じよね」

「そうそう！　実はあたしも苦手なの」

こういう話に参加している限り、自分はその結束の輪の中にいられるというわけだ。逆に、参加していないと、いつ自分が悪口を言われるかわからない。

陰で悪口を言う人は、**臆病で、常にリスクを気にする、マイナス思考が強い人**といえるだろう。

ヤンチャ自慢をする人の屈折した心理とは

「こう見えて、昔、ヤンチャしてたころはけっこうモテたものさ」

居酒屋などで、オヤジが昔のヤンチャ

自慢、ワル自慢をする光景に出くわすことがある。なぜヤンチャ自慢をするのか。

それは、現在の自分は、思うような評価をされていないと感じているからだ。しかも「実は自分はこんなにスゴいんだ」とアピールするものが〝今の自分〟にはない。そこで**過去の自分を持ち出して、今の自分を見直してほしいと思っている**のだ。

バリエーションとして、若いころのバブル自慢などもある。

「オレが若いころは、DCブランドの服に何万円もつぎ込んだ」「得意先の接待で銀座で豪遊したものだ」などと、バブルを懐かしむふりをして、自分の有能さをアピールしたいわけだ。

こういう自慢をする人は、バブルやヤンチャが、若い世代にまるで響いていないことに気がつかない。

昭和のころの日本には、まだ石原裕次郎や高倉健の映画に出てくるような不良やヤクザが、ヒーローだった時代の名残があった。しかし今、ケンカ三昧、波瀾万丈の生き方に憧れる人は少ない。

ヤンチャ自慢は、二重の意味でイタい振る舞いだ。

「可愛い」を連発する女性は自分が褒められたい

男性にはなかなか理解しにくい言葉に「可愛い」がある。女性、特に若い女性にとって、世の中は可愛いものと可愛くないものの2種類で成り立っているかのように、「可愛い」は絶対的基準なのだ。

この「可愛い」をやたらと口に出す女性がいる。

「今日の○○ちゃん、可愛い〜！」

「このチョコのパッケージ、すごく可愛い〜！」

「部長の爪の形、可愛くないですか？」

いったい何を考えているのか、いや、どんな心理からなのだろうか。

これには二つの心理がある。

一つめは、実は自分自身を「可愛い」と思っていて、相手からも「可愛い」と言ってもらいたいという心理だ。

人のことを「可愛い」と言えば、今度はその評価の目が自分に向くことを十分に理解している。そして、自分は可愛いという自信がある、だから「可愛い」を連発することで、可愛い自分を見てもらいたいと思っている。

もう一つは、**「可愛い」と言っている自分が好き**という心理。

つまり、可愛い女の子や物が好きな自分は、「可愛い」の共感で繋がる世界の一員であると自覚している。そして、自分は「可愛い」の認定資格があることをアピールするために、この言葉を連発している。

いずれにせよ、「可愛い」を連発する女性は、相手を褒めるふりをして、自分が褒められたいと思っていることが多いのだ。

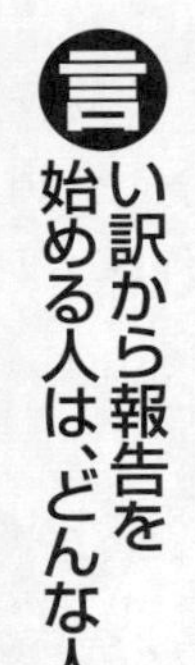

言い訳から報告を始める人は、どんな人？

「○○くん、例の交渉はうまくいっているかね」

「はい、実は先方の担当者がなかなか難物でして、しかも競合も多いので状況的にはかなり難しく……」

「だから、どうなんだね」

「いえ、うまくいくかどうか、まだちょっと……」

　こんな受け答えは、ビジネスではＮＧだ。最初に結論を簡潔に述べるのが常道なのだが、報告の前に必ず言い訳をつける人がいる。

　こういう人は、基本的に**保守的で臆病**、**マイナス思考の持ち主**だ。要するに、うまくいく自信がないので、あらかじめ責任を回避しようとする心理が働いているのだ。

　だが一方で、ビジネスマンとしての処世術を心得ているといえる。

　結果がうまくいかなかった場合、そのときに初めて言い訳をするのでは露骨すぎる。だから、結果が出る前に言い訳をしておくことで、後で責任を追及されないようにしたいと思っているのだ。

　また、もし結果がうまくいったら、あれだけマイナス条件が揃っていたのに結果を出せたと、プラスの効果をより高めることができる。

　気弱なように見せてひそかに一発逆転を狙う、したたかな一面を隠しているかもしれない。

余計なアドバイスをする人は〝崖っぷちな人〟

「その項目の処理だけど、そのやり方じゃダメよ。こうしたほうが全然早いから」などと、聞いてもいないのにアドバイスしてくれる人がいる。一見親切ではあるが、ありがた迷惑なときもある。

余計なアドバイスをする人は、いったいどういう心理なのか。

アドバイスをするからには、知識も情報も豊富で、自信もあるに違いない。だからといって、ただ人の役に立ちたいというのが主な動機ではない。

むしろ、**自分は必要とされていると感じたい**のだ。こういうことをしたがる人は、たいていの場合、〝崖っぷち〟であることが多い。

ベテランと呼ばれるようになり、主戦力から外れそうになっている。あるいは会社や友達グループの中で、存在感が薄くなっていることを感じている。そういう人が認めてもらいたくて、しきりにアドバイスをするのだ。

たしかに〝余計なアドバイス〟をされたほうの気持ちを理解できない、やや鈍(にぶ)い人であることは間違いない。しかし、見方を変えれば、自分の危(あや)うい立ち位置は痛いほど理解している、寂しい人だともいえるのだ。

否定から入る人は不安を抱えている

会話をしていると、相手の発言を否定

してかかる人がいる。

「いや、それだと予算がかかりすぎるんじゃないかな」

「ていうか、それならこっちのほうがよくない？」

という具合に、まず話の流れをねじ曲げてくるのだが、これはどういう心理からなのだろうか。

まず、自分の意見に固執するという意味で、視野の狭い人だといえる。何事も正解は一つとは限らないわけだが、常に〝自分の〟正解でなくては気がすまず、〝相手の〟正解は認めないという態度は、あまり好感をもたれない。

では、大変な自信家なのかというと、そんなことはない。むしろ、自分に自信がもてなくて不安を抱えていることが多いのだ。

自信がないのに自己愛だけが強い場合、**自分の立場を守るために、相手を否定して上に立たなければいけない。**常に自分がリードしなければならないと考えてしまう。

相手の意見に「そうだね」と同意してしまったら最後、相手に主導権をとられてしまい、自己愛を満足させられないからだ。

こういう人は、実は、自分の「否定から入ってしまう」癖を欠点として理解していることも多い。それでも、そうしてしまう心理的要因があるのだ。

そこを理解した上でうまくつき合えば、視点を変えた意見交換ができ、建設的な議論にもっていけるかもしれない。

急に優しい言葉をかけてくる人には要注意

もしも彼（彼女）が、急にいつもより優しい言葉をかけてきたら、機嫌をとりにきていることは明らかだ。

この場合、二つのケースが考えられる。まず、直前に、あなたが何か機嫌を損ねるような出来事があった場合。相手はあなたと関係を元通りにすることを望んでいる。つまり、あなたの反応を気にかけているということだ。

この場合、つき合っている2人であれば、これからもきっと順調。〝まだ〟友達同士の2人であれば、相手はあなたに好意をもっていることがわかる。

もし直前にあなたが機嫌を損ねるような出来事がまったくなかったとすれば、きっと何かお願い事があるのだろう。**人間の行動には、必ずその根拠となる理由があるはずなのだ。**

ちなみに、後者のケースは、男女間でなくても起こりうる。

ケチな先輩が「今日はおごるよ」と急にランチをご馳走してくれたりしたら、警戒したほうがいい。何か大変な仕事を押しつけようとしているのかも。

急に多弁になるのは嘘をついている証拠！

アメリカの古い映画にこんなシーンがあった。

仕事に遅れてきた男と、その上司の会話である。

「朝、娘が熱を出して大変だったんだ。それに道が渋滞していて、それから……」

「言い訳は一つで十分だ。二つすると疑われる。3つだと嘘だと思われる」

人が急に多弁になるときは、**嘘をついているか、隠し事をしているときだ**。

人は隠し事をするとストレスがかかり、神経が高ぶる。これは気が弱かったり臆病だったりするからではなく、生理現象だ。

ある刑事によると、どんな極道でも嘘をつくと身体やしぐさに変化が起きるので、見破れるのだという。

嘘をついている人は、この神経の高ぶりによって表れる変化を誤魔化そうとして、平静かつ冷静を装おうとするから、かえってぎこちなくなってしまう。

嘘をついたり、隠し事をしたりすると、急に多弁になるのも、こうした心理からの行動と考えられるのだ。

もしも、あなたの彼（彼女）がデートに遅れてきて、言い訳を3つしたら、何かやましいことがあると考えていい。

「さっきまで誰と会っていたの？」などとカマを掛けてみると、意外な事実が発覚するかもしれない。

慎重に言葉を選ぶのも嘘をついているから

嘘をつくと、さまざまなしぐさに表れるので、注意していれば見破ることができる。それならば、直接顔を合わせず電話で嘘をつけばバレないのだろうか。

いや、嘘は言葉遣いや話し方にも如実

に表れる。

まず、**嘘をつく人は、妙に形式張った言葉を使いたがる。**

「記憶にございません」「一点の曇（くも）りもないわけであります」というように、否定したい気持ちが強いと、不自然にオーバーな表現になりがちだ。

また、嘘を隠そうとして、かえって本当であることを強く断定しようとする。

「実を申しますと」「事実を申し上げるわけでありますが」などという言い方は怪しい。

さらに、**話し方に不自然な「間」が生じる。**

「えー、その件につきましては、あー、只今調査中であります」

というように、話に矛盾が生じないように慎重に言葉を選ぼうとするため、ひと言話すと不自然な間が空いてしまうのである。

つまり、聞いていて「なんだか嘘くさいな」と思ったら、たいていは嘘だと思っていい。

い い年なのに自分を「僕」と呼ぶ人は？

日本語は、英語と違って一人称がいくつもある。

男性の場合は「私」「俺」「僕」「自分」などバリエーション豊富で、しかも、時と場合で使い分けたりもする。それぞれの一人称が表している心理は、どのようなものだろうか。

「私」は、ビジネスなど社会に出たらもっとも頻繁に使われる〝公式な〟一人称だ。普段から「私」を主に使っている人は、自分が社会的に認められていることをアピールしたいという心理がある。

年配で社会的地位のある人などが家でも「私」で通し、

「私にもお茶を淹れてくれないか」

などと言ったりする。

「僕」は、子供のころから使っている一人称だ。年をとっても自分を「僕」という人は、**子供っぽいところがあるか、少年の心を持ち続けたいと思っている人**だ。会社では「私」でも、お酒の席では、

「僕の趣味はね〜」

などと、自分のことを話したりする。

「俺」は、自分を男らしく見せたい心理が表れている。

「黙って俺についてこい！」

と言うときには「俺」だ。

「自分」は、体育会系のタイプが好んで使う。上下関係に厳しい、硬派なイメージだ。頑固で融通が利かない性格かもしれない。

自分を「うち」と呼ぶ女性の複雑な心理とは

女性は、男性に比べて、一人称代名詞がずっと少ない。男性は「私」「俺」「僕」「自分」の他にも「わし」「おいら」「わて」など、まだまだバリエーションがある。

女性の場合は、**「私」**を使う人が圧倒

的に多い。あえて読み取れる心理としては「強く自己主張することを好まない」ということだろう。

最近、若い世代に広がっている女性の一人称に**「うち」**がある。もともと関西地方の方言だが、関東にも、自分のことを「うち」という女子が増えてきた。

「うち」を使う心理として、こういうことが考えられるだろう。

「私」では社会的すぎて違和感があるが、かといって、男性の「俺」や「わし」のようにぴったりくる一人称代名詞がない。ということで、関東ではまだ色のついていない「うち」を使おう——。

つまり、自分のことを「うち」という女性は、**もっとフランクな友達関係を築きたい、もっと距離を縮めたい**、もっといえば、わかってほしい、かまってほしいという心理があるのだ。

同じような心理から使われる一人称に**「あたし」**がある。「私」と違って、女性しか使わない。

ブログなどの文章表現では「わたし」だと中性的に見えてしまうので「あたし」を使ったりする。つまり、自分を「あたし」と言ったり書いたりする人は、女性であることを無意識にアピールしているのだ。

逆に「女性であることを意識されたくない」「男性と対等に扱ってほしい」女性が使うのが、**「自分」**だ。「その仕事、自分にもやらせてください」という女性は、男性社会の中でも、男女の別なく公平に評価してほしいと思っている。

名前で自分を呼ぶ人は大人になりきっていない

男性の場合はあまり聞いたことがないが、女性ではたまにいる。

「はるな、今日バイトだから」「ゆうこ、怒っちゃうぞ〜！」のように、自分のことを名前で呼ぶのは、いったいどのような心理からなのだろうか。

まず、考えられるのは「個人」が確立していないということだ。自分のことを名前で呼ぶ「他の誰か」の立場からしか見ることができていない。

たいていの場合、家族の愛情が強く、家族にとっての「○○ちゃん」という立場から脱しきれていないのだ。つまり、小さな子供が自分を名前で呼ぶ状態が、いまだに続いてしまっている。

また、**いつもは「私」を使っているのに男性の前でだけ名前で呼ぶ人**もいる。

これは、相手に対して名前を示すことで心を許していることをアピールし、より親しい関係になりたいという心理の表れと解釈できる。

人はなぜ、おやじギャグを飛ばしたくなるのか？

雑誌『アエラ』の広告が、そして最近では通販サイトのアスクルが、おやじギャグを多用して耳目を集めている。

おやじギャグといえば、寒い・笑えない・つまらないものの代名詞だが、いったいなぜそれが広告に使われているのか。それは、おやじギャグをつい放ってしまうお父さんたちの心理にも関係しているのだ。

それは、ずばり、**注目されたい、愛されたい**ということだ。

おやじギャグを連発するのは、中年男性、それもどちらかといえば、冴(さ)えないタイプが多い。同じ中年でも、渡辺謙のような営業部長がいたら、おやじギャグを言ったりはしないだろう。

みんなの輪の中に入りたいが、話題についていけないし、気の利いたコメントもできない。そういう人が、おやじギャグを連発するのだ。

だから「寒ッ」といわれても、「……ハハハ」と力なく笑われても、「もう、おやじギャグやめてください！」と叱られても、まるで気にならない。反応してもらうことが目的なのだから。

広告におやじギャグが使われるのも、見る人に「しょうもないな～」などと突っ込んでもらうためだ。

だから、おやじギャグを連発する人がいたら、面倒でも反応してあげよう。絶対にスルーだけはしないように。

プライベートな話をするのは信頼の証し

最初は仕事の話しかしていなくても、社内の噂話や共通の上司への愚痴など、生産性のないほうに話題は移行し、やがてプライベートな話題になる。

「あの映画、観た？　すごくよかったよ」

「この間の日曜日、買い物に行ったんだ

けど……」

などと個人の行動や感想を話題にするようになる。これは、**徐々に信頼が芽生えてきたサイン**だ。

プライベートな話をするときは、多かれ少なかれ自分をさらけ出しているものだ。話題によっては、あまりペラペラと他人に話してほしくないこともある。

この人なら、軽々しく人に広めたりしないだろうと思えばこそ、

「この間、酔っ払って記憶なくして、もう、大変だったわよ～」

などと恥ずかしい話題も出すことができる。

それに、自分からプライベートな話題を持ち出すのは、自分のことをもっと知ってほしいという願望でもある。つまり、好意の表れでもあるのだ。

特に、打ち明け話のような秘密事項を含む話をしてくるのは、信頼とともに、秘密を共有する仲になりたいという願望も含まれている。

しかし、中には〝自分のこと〟をいいたいふりをして、ただ愚痴を聞いてもらいたいだけという場合もあるので、そういうときは適当に聞き流しておこう。

第3章

言葉よりも雄弁な**身ぶり・態度**からわかる心理

◉例えば、腹痛でもないのにお腹をさするのは？

足の動きを見れば本心はバレバレ！

「息を吐くように嘘をつく」などといわれる政治家がいる。そういう人に会ったら、どこを見ればよいのだろうか。

それは、足だ。

言葉や顔の表情は、脳の大脳新皮質という領域が指令を出している。論理的・言語的な思考を司る部分だ。だから、簡単に嘘をつくことができる。

これに対し、足は、脳の中間層である大脳辺縁系という領域からの指令で動いている。大脳辺縁系は本能を司る部分なので、本能的な動きをする。すなわち、足は嘘がつけないのだ。

たとえば、街でばったり顔を合わせ、

「やあ、久しぶり。どうしてたの？」

などと、親しげに話していても、彼の**爪先が正面ではなく、どこか他所を向いていたら、本当は早く立ち去りたいと思っているのだ。**逆にちゃんと正面を向いていれば、あなたは歓迎されている。

なぜ、足の動作は本能と結びついているのか。それは、逃げるためだ。

生物は、常に危険に晒されている。外敵などに襲われそうになったら、すぐに察知して逃げ出す必要がある。考えている暇などない。だから、足は本能に従って行動するのだ。

近くに立つ人は好意をもっている

サッカーのある名門チームには各国の代表選手が集まっていた。しかし個性が強すぎる彼らは、なかなかチームとしてまとまらない。そこである監督が、練習前の柔軟体操を、互いに接近して小さなサークルで行うことを指示。そこからチームの和を築いていったという。

人には、相手が自分に近づくことを許せる限界の距離というものがある。これを「パーソナルスペース」という。アメリカの文化人類学者エドワード・T・ホールによれば、パーソナルスペースは、相手との関係によって異なるという。

①公衆距離：3・5メートル以上…複数の相手が見渡せる距離。講演会の聴衆と話者のような「公的な関係」の場合。

②社会的距離：1・2〜3・5メートル…手は届かないが容易に会話ができる距離。商談をする、上司と打ち合わせをするなど社会的な活動をする場合。

③個体距離：45センチ〜1・2メートル…相手の表情が読み取れる距離。会社の同僚や友人など親しい相手の場合など。

④密接距離：0〜45センチ…自然にボディタッチができる距離。家族や恋人など親しい相手の場合。

つまり、どのくらいまで近づくことを許せるのかは、相手との関係によって決まる。相手があなたの近く1・2メートル以内に立つようになったら、あなたに好意をもっていると見ていいだろう。

身体の傾きでわかる好き・嫌い

飲み会の席は、後ろから見てみると面白い。

たとえば、女性社員の両側に男性社員がいる場合。女性の身体がどちらに傾いているかで、どちらの男性に好意をもっているかがわかる。

部長の隣でお酌をしている係長の身体が反対側に傾いていたら、本当は部長のことを嫌っているのかもしれない。

身体の傾きは、脳の中層になる大脳辺縁系と呼ばれる本能を司る部分から指令が出ている。**相手に好意をもっていれば意思とは関係なく、本能的に身体が相手側に傾くのだ。**もちろん、その逆もある。

大勢でテーブルを囲むようなシチュエーションでは、誰が誰に好意をもっているのか、あるいはいないのか、よくわかってしまうのだ。

もちろん、この法則は、男女関係にも適用可能だ。

気になる異性がいたら、隣に座ったときに、さりげなく確かめてみよう。身体をあなたのほうに傾けていたら、脈ありだ。正面に座った場合も、好意があれば前のめりになる。なければ、少し引きぎみの姿勢になるはずだ。

人の身体は、言葉以上に正直なのだ。

身体の向きが斜めなら内心、歓迎されていない

あなたは上司に好かれているかどう

か。それを知りたかったら、廊下で呼び止めて立ち話をしてみよう。

「部長、ちょっとよろしいですか」

「なんだね、何か問題でも？」

このとき、**上司がしっかり正面を向いて話を聞いてくれたら、あなたは上司に好かれている**。だが、あなたに対して身体を斜めにしているなら、上司に避けられていると思って間違いない。

身体の前面には、重要な機能が集中している。目、口、胸、腹、生殖器……これらはとてもデリケートな部分だ。相手に正面を向けることは、これらすべてを晒（さら）け出すことを意味する。

したがって、嫌いなもの、敵対するものに対しては、自然と身体の正面を晒すことを避けるだろう。

これはまた、防御の心理でもある。身体の前面はデリケートで弱い部分なので、自分を傷つけようとするものから守る必要がある。

だから、上司があなたの相談に親身に応えてくれているように見えても、身体の向きが斜めならば、内心はあまり歓迎していないということになる。

身ぶり手ぶりが大きい人はどんな性格か

「世の中の文字は小さすぎて読めない！」などと、大げさな身ぶり手ぶりでアピールする人がいる。

話すときの動作が自然と大げさになってしまうのは、とにかく自分の意見や考えを相手に正確に伝えたい、という思いが強いからだ。伝えたい思いが強いほど言葉だけではもどかしさを感じてしまい、つい手が大げさに動いてしまう。

こういう人は、自分の意見を大切にしている人が多い。そしてそれを正確に伝えたいと思っている。

日本人に比べて、欧米の人は身ぶり手ぶりが大きい。これは、子供のころから、自分の意見を明確にもつこと、それを周囲の人に伝えることが大切だと教えられてきたからだ。

そんな欧米人から見れば、日本人は自分の意見をなかなか口にしないし、身ぶり手ぶりも小さい。本当に伝えたいことを、なぜ強くアピールしないのか、歯がゆく感じてしまうそうだ。

また、**身ぶり手ぶりが大きい人は、外向的で社交的**。明るく活発で、感情表現も豊かで、人間関係を築くのがうまい。その半面、地道な研究活動や繊細な作業には向かないという傾向もある。

右足を組む心理と左足を組む心理は異なる

打ち合わせや交渉のときは、相手の足元を見るべし。といっても「人の弱みにつけ込め」という意味ではない。

座ったときの足の組み方で、だいたいの性格や人柄がわかるのだ。

足を組むときに、右足が上になる人。日本人にはいちばん多いタイプで、常識的で慎重派。どちらかというと内向的で行動も消極的だ。

逆に左足が上になる人は、自分に自信

があるタイプで、開放的で楽観的。気さくでフレンドリー、社交的な人が多い。行動もどちらかというと大胆だ。

映画『氷の微笑』には、映画史上もっとも有名な〝ヒロインが足を組み替えるシーン〟がある。シャロン・ストーンが刑事たちに問い詰められるシーンだ。そのとき彼女は、最初は左足を上に足を組み、ゆっくりと右足を上に組み替える。

心理学的に読み解けば、フレンドリーに見せかけてからの拒絶ともとれる。

どちらの足を上に組むかは、人によってだいたい決まっているものだが、中にはやたらと足を組み替えるタイプもいる。これは、イライラしている、感情が高ぶっている、できれば早くこの場から立ち去りたいという心理を表す。

会議が長引いたときなどに周囲を観察していると、たまにこういう人がいる。会議に退屈しているのかもしれないし、「何を馬鹿なことばかり言っているんだ」と、会議の内容が気に入らないのかもしれない。

こういう人にあえて発言を求めてみると、案外名案が飛び出したりするものだ。

腰に手を当てるのは自分を大きく見せたいから

町に銭湯が点在していたころ、風呂上がりに、腰に手を当てて牛乳を飲むという行為が〝気持ちのいいこと〟の一つだった。

銭湯で1人でやるのはかまわないが、このポーズを誰かに向けてするときは、よく考えたほうがいいだろう。

腰に手を当てるというしぐさは、自分を大きく見せて主張したいという心理の表れだ。肘をぐっと張り出すことで、自分が占めるテリトリーを広げることができる。**相手を威圧したいとき、見下したいとき**に効果的だ。

お母さんが子供を叱るときも、このポーズをやりがちだ。

明らかに悪いことをした男性を、女性が追及しようとするときも、身体の小さい女性が男性に対抗しようと、このポーズをとることがある。

男性女性に限らず、普段から腰に手を当てる癖のある人は、少し扱いづらい人かもしれない。自分は他人が見ているよりも大きな存在だと思っており、もっと評価されたい、まわりを自分の思い通りに動かしたいという、ちょっと自己中心的なところがあると解釈できる。

自他共に認める〝仕事のデキる人〟ならいいのだが、ともすると、周囲を見下す人だと見られてしまうこともある。

前かがみになって話を聞くのは興味津々のサイン

映画やテレビで見る辣腕弁護士は、交渉の場ではたいてい、背もたれにしっかりと身をもたせかけるように構えているもの。

堂々と威厳を誇示して、精神的に優位に立とうという意図ももちろんあるが、これは「最初から相手の言い分を100%聞くわけじゃない、こちらの言い分も主張させてもらう」という戦闘態勢でもある。

ビジネスで交渉に臨むときにも、席に着いたらまず相手の姿勢を観察しよう。

先の弁護士のように、ふんぞり返ってどっかりと構えていたら、タフな交渉になることは覚悟しなければならない。

しかし、話を進めるにつれて、**徐々に前かがみの姿勢をとるようになったら、話の内容に興味を抱いてきた証拠**だ。

相手がいつ前かがみになったかを注意して見ていれば、どの話題に興味をもったのかもすぐにわかる。進め方次第で、その後の交渉のイニシアチブをとることができるだろう。

せかせかと歩く人は〝意識高い系〟だって⁈

人にはそれぞれのペースがある。基本のペースが速い人、つまりせっかちな人は歩くのも速いし、しゃべるのも速い。かつ、頭の回転も速い傾向にあるといわれる。

実のところ「街を歩く」という行動は、思っている以上に頭を使うものだ。

歩行者の流れを予測したり、先の信号を見て渡るべきか、待つべきか判断したり、いろいろと情報を処理する必要がある。だから、頭の回転が速い人と、せかせかと速く歩く人は、イコールと考えていいだろう。

また、**歩くのが速い人は、協調性がない場合が多い。**

流れを無視して自分の速さで歩く。時には、一緒に歩く人にも自分と同じ速さで歩くことを求める。こうなると、かなり独善的ともいえる。

さらに、こういう人は競争心が強い。誰かの後ろをついていくのは好きではなく、自分は先頭に立って引っ張っていくタイプ、リーダーに相応しい人間と無意識に感じている。いわゆる〝意識高い系〟といえるだろう。

何事もハイペースでこなしていけば、仕事量も多くなり、実績を上げることもできるだろう。実際、周囲からは「デキる人」と見られることが多い。

ふんぞり返るのは〇〇をアピールしている

椅子にふんぞり返って座る人には「自分は一番エラいのだ」と、自らを誇示したいという心理がある。

この姿勢は、人間の急所である喉（のど）、胸、腹を無防備に相手に晒すことになる。つまり、**自分はこの場を制圧していて、この場で一番エラい**。だから、こんなに無防備でも大丈夫なのだ、とアピールしているのだ。

そもそも、相手の前でふんぞり返るということ自体、本来は社会的な礼儀に反する行為である。

だが、あえてそうすることで「私は絶対的な強者なので、相手に礼をつくす必要がない」、あるいは「私は社会的な礼儀という規範を超越した存在なのだ」と言外（げんがい）に示そうとしているのだ。

中小企業の社長や、成功している気鋭の起業家などによく見られるしぐさだ。

基本的に相手に対する礼を欠いている人がしがちなポーズなので、約束をドタキャンしたり、遅刻したり、契約を軽視したりするかもしれない。

ビジネスの相手になった場合は、注意を怠（おこた）らないほうがいい。

足を閉じて立つ人、開いて立つ人の心理とは

「本日は当店にお越しいただき、ありがとうございます。お料理は、お口に合いましたでしょうか？」

レストランであなたのテーブルにシェフがやってきて、こんなふうに挨拶したらさりげなく足元をチェックしよう。

まっすぐ足を閉じて立っていたら、彼はその言葉通りの謙虚な男だ。だが、足を大きく開いて立っていたら、かなりの自信家である。

「俺の料理なんだ、うまいに決まってるだろ」と心の中で呟（つぶや）いているはずだ。

足を開いて立つのは、大きな自信の表れである。より多くの空間を占有し、しっかりと両足を踏ん張ることで「ここは俺のテリトリーだ」と相手に示す意味がある。

このポーズをとるのは、圧倒的に男性が多い。性器の部分を強調するポーズなので、マッチョで男らしいキャラクター

を演出し、権威や威厳を見せつけるときにも、よく用いられる。

クイーンのヴォーカリストだったフレディ・マーキュリーは、ステージ上ではピッチリしたタイツで、大きく足を開いて立つポーズが得意だった。カリスマ性と〝男らしさ〟がファンを釘付けにしたものだ。

足を交差させて立ち話する人は、リラックス中

目の前に立ち話をしているカップルがいるとしよう。2人ともにこやかで、楽しげな様子だ。こんなとき、足元を見れば、どういう状態のカップルなのかがわかる。

もしも2人が、あるいはどちらかが足を交差させて立っていたら、気心の知れた仲のいいカップルだと思っていい。

足を交差させて立つしぐさは、**相手に好意をもっており、安心と快適を感じていることを表す**からだ。

逆に、相手に対して無意識の警戒心をもっている場合、人は本能的に足を交差させる姿勢を避ける。なぜなら、その体勢ではすぐに逃げたり、戦ったりすることができないからだ。

なお、交差する足を頻繁に変えているかどうかもチェックしよう。

もしそうなら、じっとしていられないわけで、イライラしている証拠。2人でいると居心地がよくないと感じており、この場合、足を交差させる姿勢は防御のためと解釈したほうがいいかもしれない。

男女の仲は単純なようで、なかなかひと筋縄ではいかないものだ。

腕を〝後ろ手〟に組む人はどんな人？

年齢は50歳前後、上品なスーツ姿で、腕は〝後ろ手〟に組んでいる。こんなイメージを思い描いてほしい。さて、この男の職業はなんだろうか。

出てくる答えはおそらく、大学教授、病院院長、弁護士、あるいは会社社長かCEO。おそらく、普通のサラリーマンには見えないだろう。

後ろ手を組むとき、そこには**自分の地位の高さを誇示したい**という心理が働いている。

堂々として威厳がある姿勢だからということもあるが、かつて中世ヨーロッパで、王族や貴族など権力者と呼ばれる人たちが、高いところから民衆を見下ろすときのポーズだからだ。

また、手を見せないことから容易に他人を信用しない人かもしれない。

さらに、後ろ手を組んだ人がサラリーマンに見えないのは、実はもう一つ大きな理由がある。

この姿勢、ビジネスシーンでは失礼にあたるからだ。起源はやはり中世ヨーロッパで、王侯貴族に仕える使用人たちは武器を隠し持っていないことを示すために、手を前で組んだ。

以来、人前では「手を前で組む」ことが正式なマナーとされるようになったといわれる。

上半身を左右に揺らす人は隠し事をしている！

話している最中に身体を左右に揺らす人がいる。重心が右に寄ったり左に寄ったり、どうにも落ち着かない。

このしぐさは、見た目通り、**大きく動揺していること**を示している。たとえば、嘘をついている、隠し事をしている、あるいは、都合の悪いことを指摘されて動揺を隠してるなどの場合、人はこのしぐさをする。

トランプや麻雀などのゲームをしているとき、身体を左右にゆらりゆらりと揺すっている人がいたら、何か大きな「手」ができているのかもしれない。

この身体を揺するしぐさ、実はチック症という障害の可能性もある。チック症とは、身体を揺する、首を振る、肩をすくめるなど、一定の動作を繰り返してしまう病気だ。

この場合はもちろん、隠し事をしているわけではない。何も隠し事などしていないのに身体が揺れる癖があるという人は、チック症を疑ってみよう。

腹痛でもないのにお腹をさするのは？

腹痛でも食べ過ぎでも妊婦でもないのに、お腹をさすっている人がいたら、何らかの不安や心配を感じて、気弱になっていると考えていいだろう。

「どうしたんだ、冴えない顔して」

「実は明日、彼女のご両親と初めて会う

ことになっているんですよ」

こんなとき、ついお腹に手をやってしまうものだ。

お腹は、内臓が入った重要な部分なのに、骨に守られていない、柔らかくて弱い部分だ。人間、**気弱になると、つい弱いところを守ろうとする。それでお腹を手でさすってしまう**のだ。

この動作が癖になって、四六時中お腹をさすっている人もいるが、こういう人は根っから気が弱く、神経質な性格であることが多い。あるいは、慢性的に疲れていて「休みたい」と思っているときもこのしぐさをする。

心理学的には、お腹をさするしぐさは、自分自身を癒やす行為なのだという。

これとは別に、**何かを我慢している**という場合もある。強い怒りを感じていながら、それを表に出してはけないと我慢しているとき、それをなだめるようにお腹をさすったりすることがある。

お腹をさすっている人がいたら、妊婦さん同様、いたわってあげたほうがよさそうだ。

足を開いて座るしぐさは相手を受け入れる印

「足には本音が出る」と別項で解説したが（86ページ参照）、たとえば商談の席などで相対した相手が足を開いて座っていたら、どう読み取ったらいいだろうか。

足を開いている状態は、相手を受け入れる気持ちがあると解釈できる。人間は、危険や不安を感じると、急所である生殖器を本能的に守ろうとする。だから、自然と足を閉じたり、組んだりする。

逆に、危険や不安を感じることのない状況では、急所を守る必要はないので自然と足が開いて、リラックスした状態になる。

最初は緊張して始まった商談が徐々に打ち解けてきて、相手も自然と足を開くようになったら、有意義な交渉ができると思っていいだろう。

しかし、逆の場合もある。

商談が始まるなり、足を大きく開いてドカッと座るような相手が出てきたら、交渉は手強い。同じ「相手を受け入れる」でも「どこからでもかかってこい、受けて立とうじゃないか」という心の表れだ。

大股を開いて座る人の心中とは

動物は、敵を威嚇するために自分を大きく見せようと、身体の一部を膨らませたり、特定の部分を強調したりすることがある。これを「ディスプレイ」という。

たとえば、エリマキトカゲは、敵に襲われると襟状の皮膚を広げて見せる。身近な例では、猫が怒ると背中の毛を逆立てるのも、ディスプレイの一種だ。

人間の場合、足を大きく広げて座るというのがこれに当たる。

足を広げることで、自分の占有するテ

リトリーを主張し、自分を大きく見せようという心理が無意識に働いているのだ。

このしぐさをする人は、**支配欲、権力欲が強く、自分の存在を周囲に誇示しようとしている**。上下関係にこだわり、格下と判断した相手に見下すような態度をとったり、得意げに自慢話を吹聴(ふいちょう)したりして、周囲をうんざりさせることもある。

このタイプは、自分に自信がある人だが、逆に、小心者なので虚勢を張っているという場合もある。

動物の場合、求愛行動にもディスプレイが見られる。人間の〝ディスプレイ〟も同様で、大股を開いて座るのは、性器を誇示して性的魅力をアピールしている場合もある。

女性の場合、足を開いて座る人はほとんどいないが、男性の場合、肩幅程度の開き方が自然といわれる。それ以上であれば、ディスプレイだと思って間違いないだろう。

手に触れるのは「脈があるか」確かめたいから

偶然にも手と手が触れ合ってしまうというのは、ドラマなどでよくある〝恋の始まり〟のパターンの一つ。青春もので は、図書館で偶然同じ本に手を伸ばして……などというシーンがよくある。

こういう場合は、どちらか、あるいは双方が、好意をもっていると思っていいだろう。

たとえばあなたが男性で、ある女性と〝偶然〟手が触れてしまったという場合。

もちろん、本当にたまたまという場合もあるだろう。しかし、そこに何らかの〝不自然な要素〟があれば、**そこには好意があると考えるべきだ。**

では、好意があるのは大前提として、いったいどういう意味だと解釈したらいいのだろうか。

それはずばり、あなたの反応を確かめたいという心理だ。あなたのことが好きなのだが、言葉で気持ちを伝えるほど勇気がない。だから偶然を装って、あるいは、偶然に手が触れるシチュエーションに導いて、手が触れたときの反応を確かめたいと思っているのだ。

あなたのほうに好意がなくても、これをきっかけに意識するかもしれない。それも彼女の狙い通りだ。

手の繋ぎ方でわかる男性側の愛情度

女性から男性と手を繋ごうとする場合、それは素直に愛情の表現だと判断できる。しかし、男性から女性の手をとる場合には、さまざまな心理があると考えられる。

ただ「好きだから」という愛情表現も、もちろんある。

しかし、まだつき合っていないけれどつき合いたいと思っているときや、恋人というより遊び相手と考えているときにも、手を繋ごうとする。

また、人混みなどではぐれないように手を繋ぐという場合もある。女性としては、これはいったいどういう意味なのか、判断しかねてヤキモキすることもあるだろう。そんなときは、手の繋ぎ方で判断しよう。

もっともポピュラーな、手のひらを合わせる繋ぎ方。愛情表現ではあるけれども、すぐに離すことができる繋ぎ方なので、それほど親密には思っていないこともある。

「絶対に離さない」という強い意志を感じるのは、5本の指を絡める繋ぎ方だ。別名「恋人繋ぎ」ともいわれる。

また、小指や人さし指同士を絡めるだけの繋ぎ方は、一見遠慮がちだが、双方にしっかりと繋がりたいという意思が感じられる。

男と女の手の繋ぎ方は、案外悩ましいものなのだ。

肩をすくめるのは心が寒い、つまり自信がないから

人間、寒いところに出ると、思わず肩をすくめてしまう。これは、急所である首を寒さから守るためでもあり、同時に筋肉に力を入れて熱エネルギーを生産するためでもある本能的なしぐさだ。

しかし、目の前の人がこのしぐさをしたからといって、必ずしも肉体的に寒さを感じているわけではない。心理的に寒さを感じたときにも、人は同じような反応をするからだ。

脳内では、**肉体的寒さと心理的寒さをあまりはっきりとは判別しておらず、一種の勘違いが起こる**場合がある。

では「心理的に寒い」というのはどう

いうことか。それは、自信がないということだ。外の環境に無防備に晒されていて、不安を感じている。つまり、自信をもてない状態だ。

また、戸惑ったり迷ったり、疑問に思っていたり、落ち込んだりしたときも、ネガティブな感情の現れだ。いずれにせよ、このしぐさが表れる。

相手が何に対して自信を失い、戸惑っているのか。察しがつくのであれば、ちょっと手を貸してあげるだけで、きっと相手は気が楽になるだろう。

顔を垂直に保ったまま お辞儀をする人は？

お辞儀の角度は15度とか30度とか新人研修で教えているが、人に与える印象を考えると、大切なのは腰を曲げる角度ではない。顔の角度だ。

よく、顔の角度を垂直に保ったまま、腰だけを曲げてお辞儀をする人がいる。

本人は、相手をしっかり見ながらお辞儀をしているので礼儀正しいと思っているようだが、これだと、顎を突き出したように見えてしまう。

実際、こういうお辞儀をする人は、ちっとも謙虚ではない。むしろ相手を見下していて、**本当は頭を下げるつもりなどない**。どんな職業とはいわないが、日常業務で儀礼的に頭を下げている人に、よく見られるしぐさだ。

こういう人は立ち去るときも、身体の向きを変えるのが早い。「それでは失礼します」と（顎を上げたまま）頭を下げると、頭を上げ終わらないうちに向きを変え、スタスタと去って行ったりする。身体の向きが本心を表すことは、別項（88～89ページ参照）で述べた通り。

相手といい関係を築いていきたいと感じているなら、人は自然に深々とお辞儀をするはずだ。

正面に座るのを躊躇するのは好意の表れ！

飲み会やカラオケのときにどの位置に座るかは、案外デリケートな問題だ。特に〝気になる人〟がいる場合は、席順も気になるものだ。

もしも、あなたの正面に座ることを意識的に避けている人がいたら、その人はあなたのことが嫌いなのだろうか？

必ずしもそうとは限らない。あなたに強い好意をもっているからこそ、「嫌われたくない」という気持ちから、あえて正面を避けているのかもしれない。

アメリカの心理学者が行ったこんな実験がある。

図書館で1人で勉強している男性に対し、女性をすぐ隣の席、一つ離れた隣の席、正面の席のいずれかに座らせ、後で「そばに座っていた女性をどのくらい好ましいと思ったか」を聞いた。

すると、**もっとも好ましいと評価されたのは「すぐ隣」に座った場合**。逆にもっとも好ましくないと思われたのは「正面」に座った場合だった。

正面で相対する位置関係は、対立を表している。心理学的にも、正面に座ると敵対心をもったり、反対意見を発言したりすることが多いといわれる。

だから好意をもっている人は、失敗したくないという心理が働き、「正面に座る」ことをためらうのだ。

会議で正面に座る人は対立意見をもっている

前項で、あなたの正面に座る人は敵対心をもっていると述べたが、これは会議の席でも応用できる。あなたの正面に座ろうとする人は、あなたと対立する意見をもっている可能性が高い。

アメリカのスティンザーという心理学者が、約30年をかけて実験・観察した結果、ある法則を見いだした。

誰でも、かつて口論した相手が会議に参加しているときには、その正面に座る傾向があるというのだ。これを「スティンザー効果」という。つまり**会議では正面に座った人物を警戒せよ**ということだ。

ちなみに、スティンザーが発見した法則は他にもある。

1人の発言が終わったとき、次に発言するのは、賛成意見よりも、反対意見であることが多いというものだ。

だから、賛成すべき意見には、続けて賛成の表明をすることで、会議を有利に進めることができる。

また、議長のリーダーシップが弱いときは、正面の人同士で話をしたがり、リーダーシップが強いときには、隣同士で話をしたがる傾向があることも覚えておくと便利だ。

会議の様相から、グループ内での議長の影響力が推察できる。

両手で握手する人はリーダーシップがある?!

握手のしかた一つ見ても、その人がどういう性格なのかがわかる。

中でも、両手でしっかりと握手をしてくる人は、**情熱的で包容力があり、積極的かつ実行力のあるタイプ**だ。リーダーシップがあり、グループをまとめるのが得意である。

力強い握手は、人間関係を大切にしたいという気持ちの表れであり、1回の握手にもそんな気持ちを伝えたいと考えているのだ。

しかし、この両手の握手は、実は使い方がなかなか難しい。通常のビジネスシーンでは、基本的に避けたほうが無難かもしれない。

別名「政治家の握手」ともいわれ、相手におもねるような印象を与えてしまい、かえってわざとらしいと受け取られがちだ。何らかの〝政治的意図〟があるのでは？　と思われてしまう。

普通に右手を差し出すだけで、マナーとしては十分だろう。

両手の握手は、相手が先に両手を差し出してきたときか、感動や感謝の気持ちから自然に両手が出てしまったときだけにとどめよう。

ポケットに手を入れて話す人はどんな人？

ボブ・ディランの出世作「風に吹かれて」が収録された名盤『フリー・ホィーリン』は、ジャケットが印象的だ。ディランがポケットに両手を突っ込み、当時の恋人と肩を寄せ合って冬のニューヨークを歩いている。

ポケットに手を突っ込むしぐさには、手を隠す心理と同じで、やはり何かを隠したいという心理がある。会話中に相手がこのしぐさをしていたら、会話自体を早く切り上げたいと思っているのか、いいたくないことがあるのか、もしかすると**重大な隠し事があるのかもしれない**。

このしぐさが癖になってしまっている人もいる。こういう人は警戒心が強く、本心をなかなか人に見せないタイプが多い。また、自信がないために、自分の殻（から）に閉じこもりがちな人も、このしぐさをすることがある。

ただし逆の場合もある。自信家である場合も、ポケットに手を入れるポーズを好む傾向にあるからだ。

ただし、この場合は親指だけポケットに引っかけて他の４本は外に出す。こう

『フリー・ホィーリン』のジャケット（部分）

すると胸が開いて堂々とした印象になる。身体の正面を開いて見せることは急所を相手に晒すことを意味し、「どうだ、かかってこい」という自信の表れなのだ。

1963年のボブ・ディランは、自信家というより、シャイで少し気難しい青年に見える。

男女で異なる「肘をつく心理」

報道写真家ロバート・キャパの有名なポートレートは、バーのテーブルに片肘をついて、その手で顔を半分隠しながら斜めにカメラを見ている。リアルな戦場を捉えた彼の作品に比べて、そのけだるそうな表情が印象的だ。

このように**男性が片肘をつくと、この状況に飽きてしまっているというサイン**だ。デートの最中、片肘をつく男がいたら、退屈を感じている証拠。目の前の女性に興味がないのかもしれないし、すでに気持ちが離れているのかもしれない。

女性の場合の心理は、少し異なる。退屈しているというよりは、**女性はむしろリラックスしている**。

デートの最中に彼女が肘をついて手に顎を乗せていたら、むしろ快適さを感じ

ロバート・キャパのポートレート
（ルース・オーキン撮影）

ていて、すっかりリラックスしている状態なのかもしれない。

さらに、そのまま、あなたににっこり笑いかけたら、あなたに甘えたいというサインだ。自分の頭を手で支えるポーズは、そのまま、支えられたい、支えてほしいという気持ちの表れなのだ。

ペコペコお辞儀をする人は礼儀正しいわけではない！

お辞儀は、初対面の相手がどんな人物なのか、最初に判断できる〝しぐさ〟だ。

たとえば、やたらとペコペコと何度も頭を下げる人。一見、礼儀正しいように見えるが、実はその逆で、本心では相手を歓迎していない場合が多い。

「あまり会いたくない相手だ」「できればさっさと帰ってほしい」という思いを表に出すまいとするあまり、不自然に過剰（かじょう）なお辞儀になってしまう。

こういうお辞儀を習慣的にする人は、「とりあえずペコペコしておけば、失礼にはならないだろう」と思っているだけなので人に流されやすいタイプだ。**何事も波風を立てない無難な選択をしがち**で、自分の意見や主張をもっていないことが多い。ビジネスの場合、担当者として一番対応が難しいタイプだ。

何を提案しても「いいですね、検討しましょう」と言ってくれる。そのくせ、自分では判断せず上司の判断に従うだけ。あとで「上司の承認が下りませんでした」と、簡単にひっくり返したりする。

相手先にペコペコとお辞儀をする人

は、きっと上司にもペコペコしていると容易に想像できてしまう。

顎を上げて話す人は自信満々タイプ

人の話にうなずくとき、普通は顎を下げるものだが、ときどき、うなずくたびに顎を上げる人がいる。

「部長、例の案件ですが」

「ああ」

「予定通り進めてもよろしいですか」

「ああ、かまわん、進めてくれ」

こんな会話を顎を上げながらされたら、どうしても〝上から目線〟の印象を拭(ぬぐ)えないだろう。

顎を上げるというしぐさは、自分に自信があるサインだ。

顎を上げると喉を相手に晒すことになる。喉は生物にとって急所なので、危険を感じると本能的に守ろうとするのだが、その喉をあえて晒すことで**自分には自信があることを示したい**のだ。

また、顎を上げると、目線は自然と見下ろすようになる。文字通り〝上から目線〟になり、相手より自分の立場が上であることが強調される。

もしも無意識に顎が上がり気味になっている人がいたら、自信家で、やや傲慢(ごうまん)な性格だろう。自分の普段の姿勢をチェックして顎が上がっているようなら、エ

ラそうな印象を与えてしまわないよう顎を引く習慣をつけよう。

男性が首をかしげるのは納得していないから

首をかしげるしぐさは、動物が本能的に視点を変え、より多くの情報を取り込もうとする行動に由来するという。たとえば獲物や餌を見つけたとき、首の角度をいろいろ変えることで、対象の見え方も異なり、より多くの情報が得られる。特に鳥類など、より広い視野を確保するために目が顔の横についている動物は、首の向きを変えることで、正面が見やすくなる。

このような本能が、人間の脳の大脳辺縁系にも刻み込まれているのだ。

だから、何かに疑問をもったときや納得できないときに、もっと多くの情報を取り入れて答えを見つけようとする。それが、首をかしげるというしぐさだ。

女性の場合、このしぐさが可愛く見えることから、男性に対するアピールとして、無意識にしてしまう人も多い。

しかし男性は、社会的立場を重視する傾向があるので、納得できないことをそのままにしておけない事情がある。

あなたが話している相手が男性で、その人の首が一方に傾いてきたら、**話の内容に納得していないか、理解できていないサイン**だ。

「ここまでで、何かご意見はございますか？」

と水を向けてみるとよいかもしれない。

足をぴったり揃えて座る男性の心理とは

「○○さん、どうぞお入りください」と呼ばれて、面接会場に入る。そのときから、面接官はもう、あなたの心理を読んでいる。

もし、あなたが男性で示された椅子に足をぴたりと閉じて座ったら、面接官は「この男、気が小さいな」と思うかもしれない。

足を閉じた姿勢は、防御の姿勢だ。身体を小さく閉じることで、生殖器を守ろうとしている。**危険や不安を感じているサイン**だ。もしかすると面接官は、あなたの声のトーンに怯(おび)えを感じ取っているかもしれない。

足を大きく開いて座ったら、相手は「ずいぶん自信家だな」と思うかもしれない。

前述したように足を開いて座る＝急所をさらけ出すことで、挑戦の意味がある。

足を肩幅くらいに開いて、爪先をしっかり前に向けて座ったら、相手は「こいつ、マニュアル通りだな」と思うかもしれない。言われたことを鵜呑(うの)みにして、その通りのことしかできない、つまらない男だと。

結局のところ、どんな座り方をしたところで、面接官はアラを探そうとするものなのだ。

椅子に足を絡める人は「固まりたい」

テーブルを挟んで向かい合っている場

合、視覚から相手の心理をさぐるファクターは上半身に限られることになる。しかし、水鳥の脚のように、デスクの水面下に心理を読み取るヒントがあることもある。

会話の途中で、足首を椅子の脚に絡めるしぐさをしたら、**相手は不安やストレスを感じているはず**だ。居心地の悪さを感じていたり、会話の内容に脅威を感じていたり、あるいは、あなたに対して気後れを感じているのかもしれない。

これは、動物的な本能に起因するしぐさと考えられる。

動物の世界では、外敵が襲ってくると動きを止めて気配を消し、その状態で危険をやり過ごそうとする。小動物を狙う捕食動物たちは、動く物を標的にして獲物を捕らえるからだ。

人間の脳の大脳辺縁系には、このような進化の歴史が、本能として組み込まれている。そのため恐怖や脅威など、大きなストレスを感じたときは、身体の動きを止めて固まろうとするのだ。

したがって、椅子に足を絡めるしぐさは、不安を感じてピタリと動きを止めようとするしぐさと解釈できる。

手で膝をこするのは動揺している証拠

膝（ひざ）を手でこするしぐさは、典型的な「なだめ行動」だ。何らかの不安や緊張を感じているため、膝をこすることで、これをなだめようとしている。

たとえば、新入社員の面接など改まっ

た場面では、椅子にきちんと座り、手を膝に置く姿勢が一般的。このとき、つい無意識に膝やももをさすってしまうのは、緊張を和らげようとするためなのだ。

このしぐさは、**ストレスがかかる出来事があるとすぐに表れる**。

たとえば、あなたが部下を会議室に呼び出した場面を想像しよう。

「もう一度確認するが、今回の不正経理の件に、キミはいっさい関知していないんだね？」

「はい、まったく知りませんでした」

そう答えながら膝をさする動作をしたら、それは嘘だとすぐにバレてしまう。テーブルで手元が隠れていると、相手は見えないだろうと思って油断しがちだ。

こんなときには余計に本音が表れる。

肩と二の腕の動きに注意していれば丸わかりなのだ。

もっとも、このしぐさは、生来(せいらい)の神経質だったり、気が小さい人の場合、まったくやましいことがなくても、出てしまう場合がある。たいして寒くもないのにしきりに膝をさすっている人は、実は小心者だったのだ。

片手で自分の手首を握るのは怒りのサイン

ときどき、なぜか相手が不機嫌なような気がして、

「もしかして、怒ってる？」

などと聞くと、必ず、

「ううん、怒ってない、怒ってない」

と返ってくる。こういう返事はたいてい

い鵜呑みにしてはいけない。口でそうは言っても、怒りはしぐさに表れる。たとえば、片方の手で、他方の手首を握るしぐさだ。

これは、相手に対する嫌悪感、反発、怒り、不満などを表している。通常、快適な心理状態で、このようなしぐさをすることはまずないからだ。

これは、気持ちをなだめようとする「なだめ行動」の一つである。相手に対する感情が高ぶっていて、無意識のうちに**〝手を出してしまいたい〟と思う気持ちを、文字通り手を押さえることでコントロールしようとしている**と解釈できる。

会話の最中に、相手がこのしぐさをしていることに気付いたら、直前に何か逆鱗に触れることをしてしまった可能性がある。慎重に言葉を選んで会話しながら、相手の気持ちが落ち着くのを待って、誤解を解くようにしよう。

顎を相手の身体に乗せるのは○○の表れ

顎は、人間の急所の一つ。ボクシングの防御の構えが顎を引いてグローブで隠すようにするのは、ここに一撃を食らうと頭部全体に大きなダメージを受けるからだ。

それに顎は、首に繋がっている。首は人間のもっとも弱い部分。腕を切り落とされてもなかなか死なないが、首を切りつけられたら容易に致命傷になりうる。

そういうわけで、顎を相手の身体に乗せるしぐさは、**相手への強い信頼**を表している。

では「顎を相手の身体に乗せる」とはどういう状況か。

たとえば、部屋で雑誌などを読んでいるときに、後ろから覗き込んでくる、というシチュエーションがある。はっきりいって、かなり親密な関係でしか想定できない。男女なら、すでに恋人同士といえる関係だろう。

たとえば、つき合いはじめて「本当はこの人、私のことどう思ってるんだろう」と不安になったとき、あるいは倦怠期なのか「最近なんだか、態度が冷たい」と感じたとき、胸に手を当てて思い出してみよう。最後に彼（彼女）が顎を乗せてきたのはいつだっただろう。

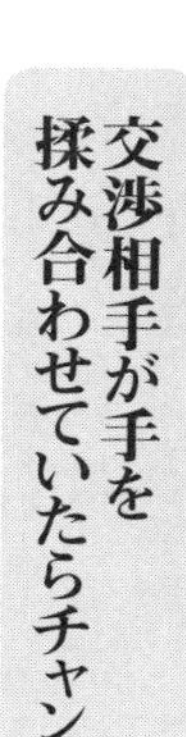

交渉相手が手を揉み合わせていたらチャンス！

指を伸ばす、曲げるという違いはあっても、祈るときに手を合わせるのは、仏教もキリスト教も一緒だ。実はこの〝祈りのポーズ〟、世界共通なのだそうだ。

仕事がうまくいかない、彼（彼女）とケンカしたといって、いちいち神に祈るわけにもいかないが、つい手を揉み合わせていることはないだろうか。

これは、**大きなストレスや自分に対する自信のなさを感じたとき**に思わず出てしまうしぐさである。

ストレスを感じると、なんとなく心が落ち着かなくなる。手を揉み合わせることで、それを抑えようとする、そんな心理が働いているのだ。

会議や打ち合わせのときに、相手がこの動作をしていたら、口では何と言っていても、自信がないことを告白しているようなもの。強気で攻めて、交渉を有利にもっていこう。

服の裾をいじるのは安心したいから

相手の心理を探ろうとするとき、あなたは表情や手に注目するだろう。しかし、見落としてはならないのが、テーブルの下の手だ。右手がペンを動かしていると き、左手は何をしているだろうか。

もしも、テーブルの下で何げなく服の裾(すそ)をいじっていたら、相手は不安を感じているはずだ。

人は、手で何かをつかんだり触れたりすることで、精神的に安らぎを感じる本能がある。赤ちゃんは何か握る物をもたせてあげると安心するのだが、何もないときは、着ているベビー服の胸や襟(えり)を触ろうとする。

これは、母親に触れていたときの記憶がそうさせるのだと考えられている。

つまり、服の裾をいじるしぐさは、**何かしらの不安を感じていて、安心したいと思っているサイン**なのだ。

会議でいかにも自信たっぷりに、「このプランでいけば、目標達成は間違いありません！」

と断言した人が、発言が終わったあとにやたらと服の裾をいじっていたら、本当は不安でしかたがないのかもしれない。

ボールペンをカチカチする人は何を考えている？

会議や打ち合わせの最中に、ノック式のボールペンをカチカチ鳴らす人がいる。

これは「なだめ行動」の一つとされ、**ストレスや不安を感じている**証拠だ。会話の最中に相手がこのしぐさを始めたら、相手は機嫌を害しつつある。あなたの発言が気に触ったのかもしれないし、交渉内容に不満があるのかもしれない。

大人数の会議などで、誰かがこのしぐさを始めたら、話の展開にイライラしているのかもしれない。イライラしているのなら、自ら、

「それは違うと思う。こうしませんか？」

と発言すればいいのだが、立場や性格上、手を挙げられない。だから余計にイライラして、カチカチしてしまう。つまり、カチカチは無言のアピールなのだ。

また逆に、非常に集中して自分の世界に入っているときに、カチカチする人もいる。1人で考え事をしているときなどに、よく表れるしぐさだ。

仕事に集中してくると、キーボードを激しく叩く人も同様の心理と考えられる。

手を握ったり開いたりする人は話に飽きている

会話の途中で、相手が手を握ったり、開いたりするしぐさを見せたら、なんら

かのストレスや緊張、不安や焦り、心理的葛藤を抱えていることを表している。

たとえば、あなたが商品の説明をしている最中であれば、その説明の中に、不安に感じる要素があったのかもしれない。

「ちょっと待ってください。〇〇については大丈夫でしょうか?」

と口を挟みたいという気持ちが、手のしぐさに表れているのだ。

また、このしぐさが頻繁に出るようなら、それは「口を挟みたい」を通り越して**話の内容にイライラして落ち着きを失っている**のだ。あるいは、話に興味を失って退屈しているのかもしれない。

そうしたフラストレーションを紛らわせるときにも、手を握ったり開いたり、しきりに動かして、無言のアピールをすることがある。

こういう場合は、思い切ってガラリと話題を変え、いったん聞き手に回って体勢を立て直そう。会話術とは、トークのスキルよりも、むしろ観察のスキルがあってこそなのだ。

「好き避け」する女性は2タイプある

気になる異性がいたら、猛烈にアタックする。世の中、そういう人ばかりだったら、話は簡単だ。

ところが、実際はむしろ逆。好きな相手には、かえって素っ気ない態度をとるケースも多い。好きなのに避けてしまう「好き避け」行動をとりがちな女性心理には、2通りある。

まず、**素っ気なくすることで相手の気を引きたいという心理。**

素っ気なくすることで、好きな気持ちに気付いてほしいという甘えがある。戦略としては、わざと素っ気なくして相手の気を引こうという駆け引きだ。

こういう女性は恋愛経験豊富か、あるいは周囲のブレーンがあれこれ入れ知恵している可能性もあるだろう。

もう一つは、反対に、恋愛経験がほとんどない女性の場合だ。こういう女性は**好きな人の前で緊張してしまい、自分の気持ちを表に出すことを恥ずかしく感じる。**その結果、目を合わせられず、避けるような態度をとってしまう。

経験豊富でも初心者でも、どちらもひと筋縄ではいかないのが女心なのだ。

男性は、プライドゆえに「好き避け」する場合あり

いわゆる「好き避け」をするのは女性だけではない。男性も同じ行動をとることがある。

考えてみれば、好きな女の子にイジワルするのは、男子小・中学生にありがちな行動パターンだが、大人になってイジワルするわけにもいかない。その分、女性にとってはわかりにくいこともある。

男性の場合も、「好き避け」をする心理がいくつかある。

男性は女性に比べて、会社社会での〝世渡り〟を重視するので、気持ちを周囲に悟られたくないという心理が強い。恋愛という私事を仕事に持ち込みたくないと

思っているのだ。

そんなとき、好きな女性から話しかけられると、どういう態度で対応していいかわからず、咄嗟に冷淡な態度をとってしまうことがあるのだ。

女性同様、恋愛経験が少ないために「好き避け」をしてしまう男性もいる。自分の気持ちをどうコントロールしていいのかわからないのだ。

また、プライドが高いために「好き避け」をしてしまうタイプもいる。

彼らには、男は女に惚れるものではなく惚れられるものという価値観があり、**恋愛関係でも対等ではなく、男性が女性より上だと思っている**。そうした男性は、女性に対して素直に気持ちを表せないことが多い。

男心も、女心に負けず劣らず、面倒くさいものなのだ。

会議中に眼鏡を拭くのは疑っているか退屈している

ドラマ『ガリレオ』で福山雅治が演じる湯川博士は、「実に面白い」と決めぜりふを呟きながら、人さし指で眼鏡を押し上げるしぐさをする。湯川博士に限らず、会話中に眼鏡をいじるしぐさは、どのような心理を表しているのだろうか。

実は、眼鏡を押し上げながらジロリとこちらを見てくる人は、あなたを見下している可能性が高い。

「本当でしょうか、その話は」と、こちらの話に多少の疑いをもっていることの意思表示の可能性がある。話が疑わしいので、**相手の表情やしぐさをしっかり見極めたいという心理が、眼鏡を正すというしぐさに表れているの**だ。

また、話の途中でしきりに眼鏡の位置を直しだしたら、集中力が切れているサインだ。眼鏡を外してレンズを拭きだしたら、まったく興味を失っている。

相手の話をちゃんと聞こうとするなら、目からの情報も重要なはず。眼鏡を外すということは、あなたの話をちゃんと聞こうとしていないということ。その態度は「実に面白くない」ともいいたそうだ。

女性が男性の前で眼鏡を外す心理とは

女性が男性の前で眼鏡を外すしぐさをするのは、相手への好意の表れというより、積極的なアプローチの意味を含む。

「眼鏡を外す」とは素顔に近い状態を見せるということでもあり、**リラックスして気を許しているサイン**でもある。

特に女性は、眼鏡をかけることで仕事用の顔とプライベートの顔を意図的に使い分けている場合もあり、眼鏡を外すということは、プライベートな顔を見せるということに他ならないからだ。

また、眼鏡を外すと大きく印象が変わる人もいる。一般的に、眼鏡をかけていると真面目で堅そうなイメージで見られ

がちだが、そこからのギャップが大きいと、外したときの「本当の私」がより新鮮に見えるという心理的効果がある。

それに男性は、女性のまっすぐな視線に弱い。眼鏡越しに見られるよりも、眼鏡を外したほうが、瞳がキラキラ光って目ヂカラが感じられるはずだ。

したたかな女性は〝眼鏡を外す作戦〟を意識して行うのかもしれないが、たいていは無意識に出てしまうもの。もしも、あなたの前で女性が眼鏡を外したら、彼女はあなたを意識しているはずだ。

優柔不断な態度は「損をしたくない」気持ちの表れ

来期の重点課題を絞り込むのも、オフィスの備品を選ぶのも、なかなか決めることができず時間がかかる。そんな人は、きっとプライベートでも、いつもウジウジして、デートプラン一つスムーズに決められないはずだ。

こういう人は、どのような心理的特徴があるのだろうか。

それは、**よくいえば心優しい人、悪くいえば臆病(おくびょう)**。「損をしたくない」という気持ちが強く、完璧主義でもあるはずだ。

たとえば買い物をするときも、他の店にもっといい物があるんじゃないか、ネットで同じような物が安く売っているのではないか、あるいは、もう少し待てば値下がりするんじゃないかなど、いろいろ考えてしまう。

つまり、今、ここで決断してしまったら、損をしてしまうのではないかと思ってしまうのだ。

何事も100%の正解はない。にもかかわらず、わずかなリスクも回避しようとする度量のなさが優柔不断の正体だ。

靴を脱ぎっぱなしにする人はツメが甘いって?!

友達の家に遊びに行ったりすると、普段、外では見られないような一面を見ることができる。

会社では地味で目立たない人がお洒落なインテリアに囲まれて生活していたり、真面目で仕事もデキる人の家の中がグチャグチャに散らかっていたり……ということが往々にしてあるものだ。

家に行くと、まずチェックするのは玄関だろう。玄関に靴が整理して置かれているか。わりと乱雑な感じなのか。それとも、靴が脱ぎっぱなしになっているか。

靴を脱ぎっぱなしにするのは、何事も"ツメの甘い"人だ。結末を疎かにするというか、何事においても、最後にケジメをつけない人だといえる。

たとえば、大きな企画をクライアントに提案してOKをもらっても、実行に向けての細かいツメや予算の配分などを疎かにして、人に任せてしまったりする。要は、最後の気配りができない人なのだ。

また、フロイト心理学では、靴は「性」の象徴とされる。靴を脱ぎっぱなしにするということは、下半身もだらしがないと推察できる。

たとえば、仕事中にデスクの下で靴を半分脱いだまま足に引っかけて、ブラブラさせている人はいないだろうか。こういう人は性にもルーズな傾向がある。

頻繁に時計を見る人の意外な心の内とは

松田聖子のヒット曲『赤いスイートピー』は、男性がチラッと時計を見るたびに泣きそうな気分になる女の子の歌だ。

なぜそうなるのかといえば、男性が退屈しているのではないか、自分といてもつまらないのではないかと考えてしまうのかもしれないし、男性にはこの後の予定があるのかもしれない。

もしかすると不倫の間柄？　などと想像ができるように、時計を見るしぐさには、**この用事を早く切り上げたいという心理**が見て取れる。

たとえば、仕事の合間の雑談モードに入っているときに、わざと時計を見ることで、誰かが「さて、そろそろ行きましょうか」というためのキッカケをつくるという場合もある。

一方、時計を見るしぐさが癖のようになっている人もいる。

こういう人は、実際に忙しいというよりも、**時間に追われている自分を演出している**。忙しい人＝デキる人と思っているので、本人もそんな自分を無意識に演じているのだ。

しかし、本当に仕事がデキる人は、人前で時計を気にしたりしない。話が一段落したところでにこやかに席を辞し、去って行きながら、さりげなく時計を確認する。

ましてや、女性の前で時計をチラ見するなんて失格である。

会話中に落書きをするのは集中力を保つためだった！

会議の最中、隣の人が熱心にメモをとっている。しかし、覗いてみると、ただの落書きだった――。実は、会議中に落書きをするという行為には、意外な心理が隠されていることがわかっている。

イギリスのプリマス大学で、ある実験を行った。

被験者に2分半の電話のメッセージを聞いてもらう。内容は退屈なものだと事前に伝えてある。一方のグループには、聞いている間に紙に描かれた図形を塗りつぶすように指示をした。一方のグループには特に指示は出さなかった。

その後、被験者にメッセージに出てきた場所や名前を思い出してもらうと、**落書きをしたグループのほうが、しなかったグループよりも29％もよく思い出せた**という。この結果を、研究者はこう分析した。

「退屈な電話をしているとき、人は空想をしやすい。空想は集中力を落とし、効率を落としてしまう。しかし単純作業である落書きをすると、空想を防止し、集中力を高めることができる」

会議中の落書きも同じことだろう。

つまり、話が退屈だと感じても、会議中なので別のことを空想するわけにもいかない。そこで落書きをすることで、無意識に集中力を保とうとしているのだ。

腰が低い人は、自信のない人か仕事のデキる人

腰が低い人には、２通りある。「仕事はイマイチだけど腰が低い人」と「仕事ができるのに腰が低い人」だ。

まず、前者。**自分の能力に自信がなく、自分にはたいした才能がないと思っている人。**こういう人は、腰の低い態度をとりがちだ。

才能がないなりに、社会で生き抜いていかなければならない。それゆえ、敵やライバルを作りたくない。誰からも好かれることで、できれば取り立ててもらいたい。そんな心理から腰が低くなる。

こういう人は、時に度が過ぎるほど腰の低い態度をとることがある。絶対に自分の意見を出そうとせず「おっしゃる通り」で通そうとする。

一方、真逆のようだが、**頭がよくて仕事がデキる人も、腰が低い態度をとること**がある。

頭がいいから居丈高な態度をとれば損だとわかっているし、自分の能力の高さを自覚しているから天狗にならないように常に自制している。いずれは結果で評価されることを確信しているから、周囲にわざわざアピールする必要もない。

しかし、意見を言うべきところは、遠慮せずに言う。

周囲から「腰が低い人」と評されるのは嬉しいことだが、後者の「仕事ができるのに～」のほうなら、なお嬉しいというものだ。

第4章 顔のパーツや動きに注目！ 表情からわかる心理

◉例えば、視線が左下を向いているのは言い訳を考え中

唇をきつく結ぶのは強いストレスの表れ

不祥事を起こした会社社長や芸能人が、記者の追及にあって黙り込むときの表情を思い浮かべてほしい。視線を落とし、唇が隠れるぐらいにきゅっときつく結ぶ、あの表情だ。

これは、ストレスや不安が大きい状態であることを表している。

人は恐怖や脅威を感じると、本能的に弱い部分を隠そうとする。唇は顔の中でも柔らかくデリケートな部分であり、かつ、食べ物を取り入れるという大事な機能をもっている。

だから、**攻撃されて精神的にストレスを受けたとき、人は思わず唇を守ろうとして、きゅっと結ぶのだ。**

また、この種のストレスは、嘘をついたときなどにも感じる。嘘をついてしまった罪悪感が、不安をもたらすのだ。

もしも会話の最中で、相手が唇をきつく結ぶしぐさを見せたら要注意だ。あなたの発言に何か気に入らないこと、納得できないことがあったのかもしれない。あるいは、直前の相手の発言に嘘があったのかもしれない。

真実はいつも口から出るとは限らない。ひと言も発しないからこそ、かえって本音が語られるということもあるのだ。

下唇を噛むのは○○を我慢している証拠

セルフィー（自撮り）が流行りだした

ころ、「ハムハムポーズ」という〝顔のつくり方〟が話題になったことがある。下唇をキュッと噛んでみせる、ただそれだけなのだが、ちょっと不機嫌かつ切なそうで、なるほど可愛く見える。

下唇を噛むというしぐさは、**言いたいことがあるけれど我慢している、あるいは今は言うことができないという心理状態**を表している。

その〝何かを我慢している感じ〟が、ハムハムポーズを不機嫌かつ切なそうに見せているのだろう。

会議などで場の空気が停滞したとき、下唇を噛んでいる人がいたら発言を促してみよう。案外、ズバリと率直な意見をしてくれて、それが突破口になって良い結果に結びつくかもしれない。

交渉中に目を閉じるのはどういう心理？

軽い雑談ではなく、もう少し重い話をしている場面を想像してみてほしい。

たとえば「子供も大きくなったし、車を新しい４ＷＤに買い替えたいと奥さんを説得する夫（34歳）」というシチュエーションだ。夫は新しい４ＷＤがいかに素敵で、わが家に必要かをとくとくと説明する。聞いていた奥さんは途中から目を閉じて……。このとき夫は、

「しめた！　相手は話に聞き入ってい

る。GOサインはもうすぐだ」

と思うだろう。実は、その反対である。目を閉じることは、情報を遮断することでもある。**不愉快なもの、見たくないものが目に入ってこないようにするしぐさなのだ。**

双方が前向きの交渉は、互いの目を見てするはず。聞き手は、言葉からだけでなく、相手の目や表情からも情報を汲み取ってコミュニケートしようとする。

交渉中に目を閉じるのは、相手の情報を入れないと同時に、こちらの情報を悟られないようにする行為でもある。要するに奥さんは「この話、早く終わらないかしら」と思いながら、それを悟られないように、目を閉じて聞き入っているフリをしている。

会話の最中に目を閉じる相手を信用してはいけないのだ。

視線が左下を向いているのは言い訳を考え中

「先週の金曜日、どこで何してた?」

と彼氏に質問をしたとき、

「え～と、あの日は確か……」

と言いながら、その目線が左下（向かって右下）を向いていたら、怪しい。これから出てくる答えは信用しないほうがいいかもしれない。

1977年、ロバート・ディルツは、目の動きと内的表層との間のパターンを発見した。それによれば、**視線が左下に動いたときは、内部対話をしている**のだという。

内部対話とは、自己と対話をしながらあれこれと考えること。ああでもない、こうでもないと考えを巡らせているのだ。これは、あくまで考えているのであって思い出しているのではない。

「あの日は合コンに誘われたんだけど、それを言ったら彼女は怒るだろうし、そうだ、先輩に呼び出されたことにすれば……」などと考えを巡らせている状態だ。

もちろん、内部対話は、悪いことばかり考えているわけではない。いつも右下ばかりに目が向いている人は物事を深く掘り下げて考えるタイプで、哲学者、数学者、物理学者などに多いといわれる。

ちなみに、ディルツがまとめた「アイ・パターン」は次の通りだ。

- **右上を見る**：視覚的イメージを創造している
- **左上を見る**：視覚的記憶を探っている
- **右横を見る**：聴覚的イメージを創造している（声、音、言葉など）
- **左横を見る**：聴覚的記憶を探っている（声、音、言葉など）
- **右下を見る**：嗅覚、味覚、触覚などの身体感覚を感じている
- **左下を見る**：内部対話をしている

眉間に皺が寄るのはやはり「嫌い」のサイン

人はどんなときに、眉間（みけん）に皺（しわ）を寄せるのか。カシオッポという心理学者が、ある実験を行った。被験者に50枚のスライドを見せ、好きか嫌いかを判断してもらい、そのときの顔の筋肉の動きを観察し

たのだ。

その結果、「好き」と答えたときは頬骨筋（きょうこつきん）（唇の周囲にある筋肉）が、「嫌い」と答えたときには皺眉筋（しゅうびきん）（眉の下の筋肉）が、それぞれ反応することがわかったのである。

頬骨筋が反応すると、口角が上がり笑顔になる。皺眉筋が反応すると、眉間に皺が寄る。

眉間に皺が寄った表情は、マイナスの心理を表しているといわれる。**嫌悪を感じている。怒っている。困っている。**怪我をして「痛いっ！」と感じた瞬間も、眉間に皺が寄っているはずだ。

この眉間の皺、一瞬のこともあるから見逃さないようにしよう。

「○○くん、例の打ち合わせが先方の都合で早まった。書類は間に合うか？」

「はい、問題ないです。間に合わせます」

などと言いながら、眉間に皺ができていたら、彼は内心不満に思っているはず。あるいは、嫌いな人・物が話題に上ると無意識に皺が寄る場合もある。

眉間は案外、雄弁なのだ。

口と目が同時に笑うのは演技の笑い

最近は、バラエティ番組に出演する俳優も多くなった。スタジオのトークでは演技などでは見られない素の部分が垣間見え、好感度が上がることもある。

では、バラエティで見せる〝素〟と、映画やドラマで見せる〝演技〟は、どこに違いがあるのだろうか。

たとえば「笑う」というしぐさを見てみよう。

自然に笑いが湧いてくるときには、まず、口から笑いはじめる。それから目に笑いが広がっていく。そこにはタイムラグがある。

これは「笑い」が、動物が安全であることを周囲に知らせるために声を上げるという行動から発達したものであり、そのため、声、つまり口が先に動くと考えられている。

演技では、なかなかこの自然な笑いができない。わざと笑おうとすると、口と目が同時に笑ってしまいがちなのだ。素の笑いが魅力的に見えるのは、そんなところに理由があるのかもしれない。

誰かにプレゼントを渡したときに、「わぁ、嬉しい〜！」

と、目も口も同時に笑ったら、演技かもしれない。本当に嬉しいなら、まず口元から笑みが広がり、最後に気持ちが込もった目であなたを見るはずだ。

鼻で笑う人はコンプレックスがある場合も

そもそも人は口や目で笑うもの。「鼻で笑う」とはいったいどんなしぐさなのか、考えてみればわかりにくい。

たとえば、上司に「新しい販売促進企画、自分なりに考えてみたんですけど」と言っておそるおそる企画書を差し出したら、ひと目見るなり、「フンッ」と鼻を鳴らして突き返してきた。

こういう場合、「鼻で笑われた」と表

現するのがピッタリくる。

鼻で笑うとは、価値がないと思って馬鹿にしている証拠。しかも「これはつまらないよ」と言葉で言っても、どうせ理解できないだろう、言うだけ無駄だと思っている。だから口を閉じたまま、鼻が思わず「フンッ」といってしまうのだ。

ひと言でいえばエリート意識の高さから、つい出てしまうしぐさだといえる。

自分は相手より上であり、明らかにレベルが違う。だから説明してもわからないし、説明するつもりもない。だから「上司は企画書を鼻で笑って、丁寧に添削してくれた」ということは、まずない。

このしぐさをするのは、**高学歴・高収入の人が多い**といわれる。だからといって本当にレベルが高いかどうかは別の話。

高学歴だが身長が低いなど、なんらかの劣等感を抱えていて、それがエリート意識を刺激し、「鼻で笑う」という態度に出てしまうこともある。

口をすぼめるのは納得できないという意思表示

人間、思ったことを素直に口に出せる人ばかりではない。相手の提案が意に沿わなくても「それ、いいね」などと、心にもないことを言ったりする。

相手に何か新しい提案をするときには、口元に注意しよう。少しでも口をすぼめるしぐさが見えたら、賛成してくれたとしても、本心ではない可能性がある。

口をすぼめるしぐさは、**相手の意見に納得がいかない、あるいは別の主張があ**

るときによくするしぐさだ。このまま話を進めると、後々大きなすれ違いの原因になりかねない。そんなときは、

「ボクが考えたのは、そんなところだけど、もっといい案がありそうな気がするよ。何かないかい？」

と、さりげなく相手の本音を引き出すのもテクニックだ。商談の席などでは、

「このプランは、今後さらに練り上げていく余地があると思っておりますので、ご意見があればお聞かせください」

などとフォローすれば、話のできる相手だと思ってもらえるだろう。

こちらの行動を目で追うのは好意か、ただの興味か

探偵が尾行をするとき、顔ではなく足元を見るのが基本だという。相手が視線を感じて振り向いたとき、目が合ってしまわないようにするためだ。人は、視線を感じると、なぜか気付いてしまうものである。

もし、あなたがふと誰かの視線に気付いたのなら、その人は、あなたの行動を目で追っていたのかもしれない。だとすると、**あなたのことが気になっている。異性であれば、あなたに好意をもっているはずだ。**

好きな人や物をいつも視界に入れておこうとする。これは人間の本能だ。

もし、無意識ではなく意図的に目で追っているのであれば、それは「気付いてほしい」「振り向いてほしい」というメッセージかもしれない。好意以上に積極的な想いを抱いているということだろう。

あるいは逆に、ただ興味があるだけ、という場合もある。服装が目立っている、露出度が高い、あるいは行動が気がかり……など、興味イコール好意ではない場合もあるのだ。

さらに、同性の場合にありがちだが、相手の存在が疎(うと)ましいとき、相手の行動をつい目で追ってしまう場合もある。こいつがいるだけでムカムカする……そんな気持ちが、視線に表れてしまうのだ。

もしも誰かの視線を感じたら、好意か、ただの興味か、それとも疎まれているのか、胸に手を当てて考えてみよう。

目をキョロキョロさせるのは不安を抱えているから

小さな子供や赤ちゃんが、目をキョロキョロさせると愛くるしいものだ。しかし、いい大人が目をキョロキョロさせていると、それはただの「落ち着きがない人」に見える。

目は心の動きを表している。視線が落ち着かない＝心も落ち着かない状態にあるということ。何かしらの不安を抱えていると見ていい。

たとえば、慣れない場所に来てしまって、どうしていいかわからない。これから大事なプレゼンがあるのだが自信がない。こんなときには、つい目をキョロキョロさせて落ち着かない態度をとってしまう。

また、**場所や状況とは関係なく、心に不安要素を抱えている**場合もある。

たとえば、会社の会議に出ているのだが、妻がもうすぐ出産しようとしている。こんなときは「大丈夫だろうか」と不安になって、目が泳いでしまうはずだ。

もしも、あなたの彼（彼女）が、デートの最中に目をキョロキョロさせていたら、あなたが選んだ店がしっくりこなかったのかもしれない。あるいは、何かあなたの知らない心配事を抱えているのかもしれない。

早とちりして、他の異性に目移りしてる！　と決めつけないほうがいいだろう。

いい大人の舌を出すしぐさ、どんな意味がある？

舌を出した有名人といえば真っ先に思い浮かぶのが、アルバート・アインシュタイン博士だろう。普通はあんなふうに人前で舌を出さない。なぜなら舌を出すことは強い「拒否」を表すからだ。

このしぐさは、赤ちゃんが満腹になったときに、お母さんの乳首を口から吐き出し、「べー」と舌を出す動作がもとになっているといわれる。つまり、本能的かつ根源的な拒否の意思表示なのだ。

しかし、大人になって社会に出てから「拒否」の意味で舌を出す人はいない。

「もういい！　話し合いはこれまでだ。べー！」というわけにはいかないのだ。

アインシュタインの
〝舌出し〟ポートレート

実は、舌を出すしぐさには、もう一つの意味がある。

舌は、あまり他人には見せたくない〝内側〟の部分だ。それを見せるということは、**相手に気を許している証拠。異性であれば、相手に好意、安心感、信頼感を感じている。**このしぐさが癖になっている人は、素直で、隠し立てをしないあけすけな性格といえるだろう。

アインシュタインの写真は、あるパーティーの帰り際に撮影された。カメラマンの「笑ってください」の声に、写真嫌いのアインシュタインが、思わず舌を出して応えたものだ。

〝舌出し〟は拒否の意味だった。しかし、新聞にこの写真が掲載されると、アインシュタインは新聞社に連絡を入れ、気に入ったので何枚か焼き増しが欲しいと頼んできたという。

ただ「拒否」だけの表情なら、これほど愛される1枚にはならなかっただろう。

口を半開きにするのはあなたに性的関心があるから

いつも口をうっすらと半開きにして、見つめてくる人がいる。もし、その人が鼻が悪いのでなければ、あなたにとってよいサインだ。

口は内臓に繋がる入り口。口を開けると、内臓を危険に晒すことになり、無防備な状態になる。

口が半開きになってしまうのは、目の前の作業に没頭していて、周囲への警戒心が薄れているか、目の前の相手に対して心を許しているのか、どちらかだろう。

後者の場合、相手に対する警戒を解いて、より多くの情報を取り込みたいという意思表示でもある。

もし目の前の異性がこのしぐさをしたら、**相手はあなたに好意を抱いている。性的対象として意識している**かもしれない。口を開いているのは、食べたい、舐(な)めたいという気持ちの表れともとれる。

人はキスをするとき、口を半開きにする。キスしてOKのサインかもしれない。しかし、早合点はしないように。本当に鼻が悪いだけなのかもしれないから。

目が左右に行ったり来たりする人の心の内とは

相手が話しながら、目を左右に行ったり来たりさせている——。これは、頭をフルに使っている証拠だ。右脳と左脳を総動員して頭脳をフル回転させ、答えを見つけようとしている。

たとえば、突然の追及にどう答えたらいいか、必死に探しているとき。

「キミはいったい、あんな時間に彼女と2人で何をしていたんだね」

こんな質問に、本当のことを言うべきか、嘘をつくべきか、それともどこまで本当のことを言うべきか。どう答えたら自分を守れるか、それとも、自分を犠牲にして彼女を守るべきか。などなど、頭をフル回転させていると、視線が左右に忙しなく動いてしまい、かえって怪しく見える。

また、**自分が話しているときに相手の目が左右に動いていたら、話を全然聞いていない証拠だ。**

脳の中で、視覚を司る視覚野と聴覚を司る聴覚野は近接している。だからまわりの音を聴こうとして聴覚に集中していると、視線は自然に左右に動いてしまう。

話を聞きながら視線が左右に動くのは、目の前の情報、つまりあなたの話ではなく、何か別のことに集中しているからに他ならない。

上下の唇を巻き込むしぐさには、二つの意味がある

口を一文字にキュッと結んだ状態で、上下の唇を強く吸い込み口の中に巻き込むようにする。こんな表情を見たことがないだろうか。

これは、**何か強い感情を押し殺そうとしていると判断できる。**強い感情とは、怒りである場合が多い。

「○○くん、辞令だ。営業部長として青森支社に行ってくれ」

「はい、喜んで行ってまいります」

こう答えながら、部下が上下の唇を巻き込むしぐさをしていたら、内心は〝喜んで〟などいない。

「なんで俺が?! 2年以内に必ず本社に

戻ってくるからな！」と怒りに燃えているはずだ。

また、この動作は、何か隠し事をしているときにも表れる。

「○○くん、例のプロジェクトの進捗、どうなっているかね」

「はい、何も問題ありません」

こう答えながら上下の唇を巻き込むしぐさを見せていたら、彼は重大な秘密を抱えているかもしれない。

すでに予算が大幅にオーバーしているのか、得意先の了承が取れていないのか、大きな爆弾を抱えている可能性がある。

笑顔が消えるタイミングが唐突なのは、作り笑い

帰宅途中の電車の中などで、楽しそうに談笑しているグループを見かけることがある。

ある駅で1人以外はみんな降りてしまった。そんなとき本当の笑顔になっていれば、1人残された後も笑顔が消えずに残っているものだ。「ああ、今日は楽しかった～」という余韻がそこにはある。

ところが、不自然な笑い、つまり作り笑いの場合、そうはいかない。

「じゃあね」と手を振ってドアが閉まった瞬間、急に真顔に戻ってしまう。そこにあるのは「ああ、今日も疲れた～」という余韻だけだ。

作り笑いは、消し際が難しい。

だから、談笑しているときに、この人は本当に楽しんでいるのか、それともつき合いで笑っているのかを知りたいと思ったら、笑顔が消えるタイミングに注目するといい。

ひとしきり笑って話題が他に移った瞬間、スッと真顔に戻ってしまうようなら、それはきっと作り笑いだ。

もっとも、作り笑いだからといって、必ずしもネガティブに捉える必要はない。コミュニケーションを円滑にするために、努力してくれているわけだから。

なぜ、人はニヤニヤしてしまうのか?

会議や打ち合わせの準備でバタバタしているときに、ふと同僚を見ると、なぜかニヤニヤしている。こんなとき、考えられることは3つ。

①何かいいことがあって、毎日が楽しくて仕方がない

②妄想癖があって、何か楽しいことを妄想している

③絶対的な自信がある

ニヤニヤしている人は、端から見ていると気持ちが悪いが、本人としてはただ楽しいだけなので、別に悪いことではないだろう。

楽しいのなら、ニコニコすればいい。ニコニコしている人を見て、気持ち悪いと思う人はいない。なぜ、ニコニコではなくニヤニヤしているという印象を与えてしまうのかといえば、そこに「何か人

に言えないもの」を感じさせるからだ。

まわりが忙しそうにしているときに昨夜の恋人とのあれこれを思い出しているなんて、人には言えない。妄想癖があるなんて人には言えない。「俺はデキる男だぞ」なんて声に出して人には言えない。

だから、真顔の下から笑いが滲み出てくる、ニヤニヤ笑いになるのだ。

いずれにせよ、人に言えないようなことなら周囲にとってはたいしたことではない。だから「おまえ、ニヤニヤして、何を考えてるんだ」などと突っ込んであげる必要はない。

顔がこわばるのは人に備わった防衛本能

「顔がこわばる」とは顔の筋肉が硬直し、表情が固まってしまう状態だ。

たとえば、大勢の聴衆を前に壇上で何かを発表しなければならないとき、笑顔をつくろうとしても、どうしても表情が硬くなってしまう。あるいは、交渉相手がいきなり激昂したとき、どうしていいかわからず表情が固まってしまう。

そんな経験はないだろうか。

顔がこわばる状態は、**緊張したときやストレスを感じたとき、さらには、恐怖や脅威に晒されたとき**に表れる。

これは、人間に本来備わっている防衛本能だ。危険を察知すると、身構えて緊張し、危機的状況に対応しようとする。

もしも、会話の最中に相手の顔がこわばっていると感じたら、もっとも考えられるのは極度の緊張だろう。

あなたにとっては何でもないビジネス上の打ち合わせでも、初対面の人と会話するだけで緊張するという人もいる。

　相手が新入社員なら、まだ仕事に慣れていないのかもしれない。ジョークでも飛ばして緊張をほぐしてあげよう。

下唇を突き出すのは不満を感じているから

　会社でミスをした部下が上司に怒られている、という状況を想像してみよう。

「どうしてこんなミスをするんだ！　休み明けだからって、気が緩んでるんじゃないのか？」

「申し訳ありません！」

　と素直に謝っているように見えても、下がり際、上司に背を向けた途端に本心が表れる。口をへの字にしてヌッと下唇を突き出すようなしぐさをしたら、本人の気持ち的には、ちっとも納得していない、というサインだ。

「ミスは俺の責任か？」「あの状況じゃ仕方ないじゃないか」「自分の責任を棚に上げて、やってられないよ」という心の声が聞こえてきそうだ。

　下唇を突き出すしぐさは、**納得できない、聞きたくない、考えたくない、もううんざりだ……**などの不快感を表している。部下を叱るときは、こんな表情を見逃さないようにしよう。

　２０１７年、森友学園問題で籠池（かごいけ）氏が国会に呼ばれたとき、都合の悪い質問をされると、よくこのしぐさをしていた。

「それは俺の責任か？」「仕方ないじゃ

ないか」「自分の責任を棚に上げて、やってられないよ」などと思っていたのかもしれない。

無表情を装う人は隠し事があるって?!

これまで映画にはさまざまな殺し屋が登場してきたが、観客を震え上がらせたという点では、映画『ノーカントリー』のシガーは5本の指に入るだろう。

ハビエル・バルデム演じるこの男は、ほとんど表情を変えず、次々と人を殺していく。無表情＝心の内が見えない人を見ると、人は不安になるものだ。

シガーのような男が身近にいたら恐ろしいが、いつも表情豊かな人が、なぜか最近無表情だということはないだろうか。

そんなときは、もしかすると隠し事をしているのかもしれない。

隠し事をすると、人は無表情になる。ババ抜きを思い出してもらえばわかるように、ババが手札に来ると、人はつい無表情になりがちだ。普段通りにしていればわからないのだろうが、どうしても**動揺を悟られないようにと不自然に無表情になってしまう**。

隠し事があるときもこれと同じで、動揺を抑えるために、過剰に無表情になってしまうことがよくあるのだ。

だから、誰かが急に無表情になったら隠し事をしていると疑ってよい。

今まで友達グループで楽しく騒いでいたのに、なぜか特定の女性の話題のときだけ無表情になる――。こんなときは、みんなに内緒でもうつき合っているのかもしれない。

歯の間から舌を出すのは緊張から解放されたとき

舌は普段は見えないが、案外表情が豊かな部分だ。

男性はあまりやらないだろうが、失敗したときなどに、ペロリと舌を出して見せれば〝可愛い女〟を演じられる。バーで見知らぬ男性と目が合ったとたん、ゆっくりと舌なめずりしてみせれば、セクシーな〝魔性の女〟を演じられる。舌は、なかなか便利な小道具なのだ。

一方で、意図せず、思わず出てしまう舌のしぐさ、というものもある。たとえば、歯と歯の間から、少しだけ舌を出して見せるしぐさ、これにはどんな心理が隠れているのだろうか。

実は、このしぐさは、時と場合によってさまざまに解釈できる。しかも、場合によっては正反対の心理を表すこともあるのだ。

たとえば、電車に乗ろうとして駅の階段を駆け上がったが、タッチの差でドアが閉まってしまったというように、何かに失敗したときに、

「ああ、ダメだった〜」

という意味で、このしぐさをすることがある。また、反対にうまく乗ることが

できたときも、

「うまくいった！」

という意味で、このしぐさをする。

どちらにせよ、**緊張を伴う一連の行動が終わったとき**に、歯と歯の間から舌を出すしぐさが見られる。

ため息をつくのは心の防衛本能

ため息をつくと幸せが逃げるという。寿命が縮むという人もいる。要するに、ろくなことがない、というわけだ。

たしかに、ため息はネガティブな心理状態を表すサインだ。心配事があるとき、イライラしているとき、焦(あせ)っているとき、疲れているとき、何をやってもうまくいかないとき、人は思わず「はぁ～……」とため息をついてしまう。

しかし、ため息はけっしてネガティブなしぐさではない。

ため息をつくと、深くゆっくりと呼吸することになる。すると、脳の扁桃体(へんとうたい)と呼ばれる部位でネガティブな感情を感じる部位を刺激する回数が減り、その結果、**ポジティブな方向へと気持ちを導く**効果がある。

また、ゆっくりと大きく息を吐くことは、自然と腹式呼吸を行うことになり、リラックス効果をもたらす。

つまり、気分がネガティブになるとため息をついてしまうのは、人間に本来備わった防衛本能ともいえるのだ。考えてみれば、ため息と深呼吸は似ている。

というわけで、ため息をつくと幸せが

逃げるというのは間違いだ。しかし、ため息はまわりの人の気分を確実に暗くする。幸せは逃げないが、友達は逃げるかもしれない。

ため息をつきそうになったら、鼻で深呼吸をすることをおすすめする。

大口を開けて笑う人はリラックスしておりウラがない

普段のしゃべり方や物腰などは、ある程度誤魔化すことができる。しかし笑うときには、どうしても素が出るものだ。

普段はおっとりと上品に構えた女性が、品のない下ネタに思わず「ブッハッハッ！」と噴き出してしまい、本性がばれるということもよくある。

笑い方で好感度を上げる人、それは、大口を開けて豪快に笑う人だろう。こういう人は、その印象通り、オープンで開放的な性格だ。

口を開くしぐさは、内臓の一部である舌を相手に晒け出すことになり、無防備な姿勢といえる。脅威や不安を感じているときには、本能的に口は閉じるものだからだ。

大口を開けて笑う人は、周囲の人たちを信頼しているか、何があっても気にせずリラックスできる性格だといえるだろう。**豪放(ごうほう)でウラのない人なので周囲からも信頼されやすく、人望も厚い。**

ただし、まれに、神経が図太く鈍感なだけという場合もある。こういう人は周囲への目配りやこまやかな配慮に欠け、リーダーには向かないタイプだ。そこは見極めるようにしよう。

顔の右半分で笑う人は皮肉屋の証拠

笑っている人を見るのは気持ちがいい。屈託なく笑っている人を見ると、こちらまで気持ちよくなってくる。

ところが、中には、見る人をあまり気持ちよくさせない笑い方もある。顔の半分だけで笑う、笑い方だ。

よく知られているように、脳には右脳と左脳があって、右脳は左半身を、左脳は右半身を司っている。そして、右脳は直感的、左脳は論理的思考と結びついている。

では、顔の半分だけで笑うとは、どういうことか。

本当に面白いから笑うのであれば、右脳も左脳もなく、顔全体で笑うはずだ。ところが、ちっとも面白いと感じていないのに、わざと笑って見せようとすると、顔の右側だけを無理に引き上げたような、歪(ゆが)んだ笑いになってしまう。

こういう笑い方をする人は、皮肉っぽく、嫌みな性格の人が多い。

面白いことに、こういう笑い方ばかりする人は、普段の顔もだんだん歪んできてしまう。そして、たいていの場合、歪みはしだいに大きくなっていく。

顔が歪んでいる人を見たら、皮肉屋でひと筋縄ではいかない性格だと思っていいだろう。生まれつき顔が歪んでいる人は、そうはいない。しぐさや性格が、顔を作っていくのだ。

いつも口を閉じている人はどんな性格か

くまモン、ドーモくん、ふなっしー。彼らはみな、口を開けている。ゆるキャラは概してそうだが、口を開けていると親しみやすい表情になるからだろう。

ある心理学の実験で、被験者に、口を開いた人物の写真と、口を閉じた人物の写真を見せたところ、多くの人が前者のほうが「あたたかく社交的で人当たりがよさそう」という印象をもったという。

では、いつも口を開けているほうがよいのだろうか。また逆に、いつも口を閉じている人はどう思われるのだろうか。

いつも口を閉じている人は、**警戒心が強く、猜疑心も強い人**だ。人間は、危険や脅威、恐怖や不安を感じると、本能的に口を閉じて内臓を守ろうとする。

こういうと、いつも口を閉じている人はイヤな奴みたいだが、そんなことはない。人に頼ることなく、歯を食いしばって頑張ってきた人は、口元にもその生き方が表れる。いつも口を結んでいる人は努力家が多いともいう。

必ずしも社交的ではないかもしれないが、仕事ではきっと頼りになる。

子供と女性では頬を膨らませる意味が異なる

頬を膨らませるといっても、実際には、フグのように頬に空気を入れてプクッと膨らませるようなことはない。俳優が怒っている演技をするときに、頬をプクッとしてみせることは、まずあり得ないだろう。

口を閉じて、下唇を上に押し上げるようにすると、頬がたるんだようになって〝膨らんで〟見える。このような表情を、「頬を膨らませている」と普通はいう。

ただし、子供の場合には、実際に頬を膨らませるしぐさをすることがある。

親に叱られているときなど、言いたいことがあっても口に出せない……というときに抗議の意思を込めて、頬をプクッと膨らませるのだ。そのことから、「頬を膨らませる」行為には、**拒絶、不服、反対を表す**という意味づけが定着したと思われる。

しかし、大人は絶対に頬を膨らませたりしないのかといえば、そんなことはない。特に女性の場合、このしぐさを実際にすることがある。

「も～、○○さん、やめてください！」などと言いながら、頬を膨らませるのは「怒っていますよ」ということを表すボディランゲージで、自然に表れた表情ではもちろんない。

要は、可愛く怒る演技をしているわけだが、実際にそう見えるかどうかは、受け取る側次第だろう。

舌打ちをする人には近寄らないほうがいい理由

人に不快感を与えるしぐさはいくつかあるが、舌打ちもその一つだ。

「申し訳ございません。ただ今、在庫を切らしておりまして」

「チッ、しょうがないな」

というように、相手に不快感を与えることを承知で舌打ちをする場合もあれば、無意識につい出てしまう場合もある。舌打ちは、大きく二つに分けることができる。相手に対する舌打ちと、自分に対する舌打ちだ。

前述の「チッ、しょうがないな」のように、相手に対する舌打ちは、**苛立ちや不満を表す**。

こうした舌打ちをする人は、短気で自己中心的、かつ攻撃的な性格という共通点がある。また、相手を見下す傾向があり、接客業の人には頻繁に舌打ちするが、上の者には絶対服従の態度で臨むことが多い。

では、後者の自分に対する舌打ちなら周囲に迷惑をかけないのでよいのかというと、そんなことはない。

イライラした雰囲気が伝わり、周囲が緊張してしまう。自分が気に入らないことがあるたびに「チッ」とやる人は、自分のことだけで頭がいっぱいで、まわりが目に入っていない。

どちらにせよ、舌打ちをする人は精神的に落ち着いていない場合が多いから、スルーするのが一番だ。

瞳孔が大きく開いているのは興味があるサイン

ネットの画面をサッと切り替えても、あわててエロ本を隠しても、さっきまでエロい画像を見ていた人は、顔を見ればすぐにわかる。

頬が紅潮しているし、なんだか妙な熱気を帯びている。それに、何より動かぬ証拠は、瞳孔が開いていることだ。

瞳孔とは、黒目の真ん中の、さらに黒い部分。明るいところでは小さく、暗いところでは大きくなる。猫の瞳を観察したことがある人ならわかるだろう。

人間の場合は、明るさはもちろんだが、目の前の対象に興味があるかどうかによっても、瞳孔の開き方は変わってくる。興味があれば大きく開くし、なければ閉じたままだ。

ある実験では、男性に女性の裸の写真を見せると瞳孔が広がるという結果が出ている。ちなみに女性の場合は、小さな子供の写真で瞳孔が開くらしい。女性よりも男性のほうがスケベなのだ。

それはともかく、瞳孔は、女性の裸でなくても、興味のある人・物を見ているときはしっかり開く。

あなたの話を聞いている相手の目をじっと見てみよう。瞳孔が開いていれば、**あなたの話、あるいはあなた自身に興味をもっている**ということだ。

逆に、瞳孔が開いていなければ、いくら「そのお話、面白いですね。興味津々です」などと言っても、口先だけということになる。

なお、瞳孔の開閉は生理現象なので、コントロールすることはできない。

ニヤリと笑う人の意外な本性とは？

同じ〝笑える〟状況でも、人によって笑い方が全く違うのが人間の面白いところだ。

普通ならクスッと笑う程度の話に、いきなり腹を抱えて笑い出す人がいる。かと思えば、ニヤリと口だけでクールに笑う人もいる。

ニヤリと笑う人は、慎重で警戒心が強い人だ。自分の本性を知られたくないので、感情を表に出すことを極力避けようとする心理が働いている。

なぜそうなるかというと、幼年期に素直に自分を表現することを抑圧するような経験があったと考えられる。

たとえば、両親からありのままの自分であることを認められず、あるべき理想像を押しつけられてきたという可能性もある。

また、警戒心が強いことから、**洞察力や観察力に優れ、冷静な判断ができる**という一面もある。

こうした面が良いほうに出れば、人一倍探究心が強く、いざとなれば情熱的に行動を起こすタイプ。

悪いほうに出れば、虎視眈々（こしたんたん）とチャンスをうかがい、隙（すき）アリと見れば、すかさずおいしいところをかっさらっていくタイプだ。

ちなみに、誰に対してもあまり自己開示をしないので、人脈も狭いし、友達も少ない場合が多い。

まばたきが多い人は緊張している

役者の基本的な技術の一つに、まばたきをしない、というのがある。

アップで映る場合、見ている人が気になるということもあるが、まばたきをすると、堂々と自信があるように見えないからだ。

「この世の悪を成敗(せいばい)してくれる！」などと啖呵(たんか)を切りながら目をパチパチさせていたら「この男、本当に強いのか?!」とツッコミたくなるだろう。

逆に、小心者の演技をする場合は、わざとまばたきを多くする。

映画『ノッティングヒルの恋人』は冴(さ)えない書店員とハリウッド女優が恋におちる話だが、書店員ヒュー・グラントはまばたきをすることで、華やかな女優を目の前に緊張を隠せない様子をうまく表現していた。

まばたきの回数は、緊張の度合いと比例する。これは心理学的にも確かめられており、頻繁にパチパチするようなら、心理的に相当追い込まれていると推測できる。

もしも、職場の新人があなたと話すときにまばたきばかりしていたら、言葉には出さなくても、きっと緊張している証拠だ。

逆に、まばたき一つしなかったのなら、相手は肝(きも)の据わった大物か、もしくは、あなたがナメられているか、どちらかだろう。

無意識に歯を食いしばるのは ストレスが多いから

強い痛みに耐えるとき、人は歯を食いしばる。大きなケガをした人が「全然大丈夫！」などと強がっても、文字通り歯を食いしばって耐えていたら、相当痛みが強いと思っていいだろう。

この「歯を食いしばる」というしぐさ、実は、ストレス、緊張、集中のために出てしまうことも。デスクワークに集中していたときや、人間関係のストレスから、夜寝ている間に強く歯を噛みしめていることがあるのだ。

これはこれでストレスを緩和する効果はあるのだが、身体には負担をかけることになる。

この「食いしばり」が原因で、ひどい肩凝りになったり、歯を支える骨を悪くして歯槽膿漏が悪化したりと、よくない影響が出てしまうこともある。場合によっては、口腔外科の診療が必要だ。

特に寝ている間は、本人は気がつきにくい。朝起きたら顎が痛かったり疲れていたりする人は、その可能性があるので要注意だ。

第5章

ずっと疑問に思っていた行動パターンからわかる心理

◉例えば、男性が女性の右側を歩くのは支配欲の表れだって?!

しぐさ、口癖…を真似するのは好意の表れ

「部長、将棋がお好きだとか。奇遇ですね〜、実は私も根っからの将棋好きでして。今度、一局お手合わせを」

ここまで露骨でなくても、好きな人の真似をするということは、よくある。気になる異性のしぐさを真似たり、尊敬する先輩の口癖がうつったり、憧れのアーティストと同じブランド品を身につけたり。これは、相手と同じ体験や感覚を共有したいという心理が働いている。

真似をするとは、すなわち好意をもっているということ。部下がだんだん自分に似てきたなと思ったら、部下に信頼されていると思っていいだろう。

真似されたほうも悪い気はしない。人は、自分と似た人間には本能的に惹(ひ)きつけられ、好意をもつようになる。この心理を「類似性の法則」という。

これをうまく利用すれば、気になる相手との距離を縮めることができる。相手のしぐさを、意図的に真似するのだ。

商談のときに、相手が手を組んだら、こちらも組む。身を乗り出したら、こちらも身を乗り出す。これで、相手との距離は少し縮まるはず。あとはあなたの交渉力しだいだ。

相手が笑うと同じように笑うのも好意があるから

「笑い」は、しばしば心理学の研究対象になる。カンザス大学のジェフリー・ホ

ール教授は、笑いがどのように人間関係に影響するのかを調べるため、ある実験をした。

102人の男女を集めて、男女をペアにして会話をさせ、その様子を記録して分析したのだ。その結果、よく笑わせてくれる男性に対して、女性は好感をもつことがわかった。「賢くて、センスがいい」と評価するのだ。男性も、よく笑ってくれる女性を「愉快で温かく、優しい」と評価した。

しかし逆の場合、つまり、よく笑わせてくれる女性に対する男性の好感度はイマイチだったという。

では、双方の好感度がもっとも上がったのは、どのような男女ペアだったのだろうか。

それは、男性がしゃべったことに、2人が一緒に笑う、つまり「同じタイミングで笑う」ペアだったという。

相手の言葉に笑うという行為は、相手に好意をもっていることの表れだ。しかも笑うタイミングが一緒ということは、気が合うということでもある。お互い、**この人とずっといると楽しそうだ**と判断するのだろう。

初対面の異性と仲良くなろうと思ったら、「笑いをとる」スキルは役に立つ。さらに、相手が自分と同じタイミングで笑ってくれるか、観察しておくことも忘れないように。

電車で端に座りたがるのはパーソナルスペースのせい

始発電車に乗り込むと、たいてい一番端の席から埋まっていく。なぜ、端の席が人気なのか。これはパーソナルスペース（87ページ参照）という考え方で説明できる。

人間は「相手にこれ以上近づいてほしくない」という距離があり、それは相手との関係によって異なる。たとえ親しい友人や会社の同僚でも、せいぜい45センチ。それ以上近づくと、不快に感じるものなのだ。

電車のシートに座れば、否応なしに他人と隣り合わせだが、端の席なら少なくとも片側だけですむ。

しかし満員電車では、かえって端は嫌だという人もいる。混んできたときに、ドア側に立っている人のお尻が顔のあたりに押し寄せてくるからだとか。

それなら真ん中の席がよいのかというと、そうでもない。車中が空いてきて空席ができてくると、前に立っている2人連れを座らせるために、左右に移動して調整してあげなければならない。

うっかりこれを怠る（おこた）と、カップルが自分の両隣に挟むように座ったりして、よけいに居心地が悪い。

こういう細かいことを気にせず、**真ん中の席にどっかと座る人は、豪快で面倒見がいいリーダータイプ**、または、パーソナルスペースも気にしない、オープンマインドなタイプといえる。

集団の一番後ろを歩く人こそ、実はリーダータイプ

「ファーストペンギン」という言葉がある。未知の領域に先頭に立って飛び込む、実行力があってリスクを取れる人物のことだ。いつも人の前を歩くのは、こういう人だろう。

逆に、いつも人の後ろを歩くのは、どういう心理からなのだろうか。

後ろを歩く人は、自分で判断することを避けている人だ。つまり気が弱く、自信がない。どちらかといえば、人に守ってもらいたいというタイプだ。

リーダータイプは、やはり、先頭を歩くペンギンだと誰もが考えるだろう。

しかし、これは2人、あるいは3人くらいの中での話だ。ある程度大きなグループなどでは、少し事情が違う。たとえば、飲み会がはけた後、

「さぁ、二次会いくぞ！　ついてこい！」

というのが、ファーストペンギンだ。

このとき、いつも一番後ろから歩くタイプは、**全体を視野に入れながら気配りができる人**だ。

先頭を見失わないようにケアしながら、遅れている人をフォローし、離脱する人は確認して送り出し、冷静に全体を掌握（しょうあく）している。実はリーダーには、こういう人のほうが向いているのだ。

男性が女性の右側を歩くのは支配欲の表れだって?!

男女が町を歩くときにどちら側を歩く

かを調べてみると、面白いことに、日本人は8割のケースで、男性が右側なのだそうだ。

男性が右側が落ち着く理由として、男性は利き手である右手を自由にして、いつでも外敵から女性を守れる状態にしておきたいという深層心理の表れだと考えられる。

そして、これは同時に、**利き手を自由にしておいて左側の女性を支配したい**という支配欲求の表れともいわれている。

女性から見れば、男性の左側が落ち着くという人は、利き手がふさがっても、守ってもらえる安心感を重視する、ということになる。

では、立ち位置が逆のケースではどうだろう。男性が左で女性が右のカップルは、女性の自立心が強く、男性に依存する割合が少ないと考えられる。

日本の場合、国産車は右ハンドルという事情も考慮する必要があるだろうが、男女関係に関してはやや保守的といえそうだ。

男性が車道側を歩くのは女性として意識しているから

恋愛は、いつもどちらかのひと目惚れから始まるわけではない。最初は、仲の良い友達グループの1人だったのに、次第に異性として意識しはじめて……というパターンが一般的だろう。

そうした〝恋愛関係一歩手前〟のとき、「向こうは、私のことをどう思っているのだろう?」と、特に女性は悶々(もんもん)とするものだ。

そんなとき、彼の好意のサインを見落とさないようにしよう。

たとえば、一緒に道を歩いているとき、彼がさりげなく車道側を歩いてくれたらあなたを女性として扱ってくれているということだ。

ときどき、女性の扱いを嗜みとして心得ている男性や、妙に気配りができる男性がいるが、そういう場合は、すべての女性に対して同じ扱いをする。

あなただけに気配りしてくれた、あるいは、昔は違ったが、最近、車道側を歩いてくれるようになったという場合は、**明らかにあなたを異性として意識しているサイン**。

ただし、この「女性と一緒のとき車道側を歩く」は、雑誌のモテるマナー特集などの定番だ。中には、一瞬女性を車道側を歩かせておいて、「危ないよ」などと囁きながら、車道から遠いほうに誘導しようとする男もいる。

こういう輩は、恋愛をゲームとしてしか見ていないので要注意だ。

女性に歩調を合わせる男性は将来性アリ！

まだ数回デートをしただけのカップルは、お互い、恋愛初期特有のウキウキした気分に浸る一方で「この先ずっとつき合うのに、この人でいいの？」という不安も心をよぎっているはずだ。

そんなとき、女性は、男性のさまざまなしぐさをチェックしている。

たとえば、歩くペースを合わせてくれる人かどうか。

女性と男性では、基本的に体格差もあるので、普通に歩いていたら当然ペースも違う。急いでいるときに、前を歩く女性グループが道をふさいでいてヤキモキした経験のある男性も多いだろう。

でも、デートであればそんなことは言っていられない。女性の歩くペースに合わせてくれる男性は、**協調性があり、他者に気遣うことができる人**だ。歩調の変化を感じて、トイレに行きたいのか、疲れたのか、そこまで察してくれるかもしれない。

こういう人は、会社でも周囲とうまくやっていけるだろうし、上司との折り合いもいいはず。将来有望だ。

ただし、あまり歩調を合わせ過ぎるのも、協調性を重視しすぎて主体性がない。同調圧力にあっさり屈するタイプだ。将来が少し不安になる。

時には、自分の意見をしっかりもってグイグイ引っ張っていってほしいと思うのが、女心なのだ。

逆ギレする人に共通する心理とは

大災害の最中に酒盛りをしていた政治家が、それを指摘されると、「政治利用だ」と怒り出す。「逆ギレ」はもはや、日本中に蔓延(まんえん)している。

なぜ、素直に非を認めて謝罪せず、人のせいにしてしまうのか。

逆ギレする人は、自己愛が強いといわ

れる。つまり、自分を不当に高く評価して自分は絶対に正しいと思い込んでいる。

しかし一方で、自分に自信がもてない。コンプレックスを抱えている場合などは、よりこの傾向が強くなる。

こういう人は、ギリギリのところでバランスを保っていることも多い。そんなときに**ミスを指摘されると、プライドを守るために逆に攻勢に出る。**これが逆ギレの正体だ。

また、妻やパートナーに逆ギレする男性は、マザコンである可能性が高い。子供のころ、なんでも受け入れてくれていた「母親」を相手に求めているので、受け入れてくれないという対応に納得できず逆ギレするのだ。

いずれにせよ、逆ギレする人は、プライドばかり高くて、大人になりきっていないといえる。

何度も遅刻する人はマイペースで内向的

待ち合わせや会議に、いつも先に到着して待っている人がいる。その一方で、いつもギリギリで駆け込んでくるか、何度も遅刻をする人がいる。この違いはいったいどのような心理なのだろうか。

人間の性格傾向は、3つのタイプに分けられる。

タイプAは、競争的、野心的、精力的、せっかち。時間に追われながら、同時に多くの仕事をこなし、出世欲が強い。

タイプBは、マイペースで内向的、非攻撃的だ。

タイプCは、我慢強く、周囲に気を使い、怒りなどのマイナスの感情を表に出さない傾向がある。

いうまでもなく、遅刻癖があるのはタイプBだ。ある研究によれば、タイプAがもっとも時間の認識が正確で、タイプBはルーズだという結果を示した。目を閉じて1分経ったと思ったら手を挙げてもらうと、タイプAの人は58秒だったのに対して、タイプBの人は77秒だったという。

人が、つい遅刻してしまう原因は、**クビになってもいいと思っている**、準備に時間がかかってしまう、待つのが嫌、など人によっていろいろあるが、基本的な性格の傾向そのものが関連していることも覚えておこう。

ちなみに、タイプAの人は心臓疾患になりやすく、タイプCの人はがんになりやすいといわれている。

口笛を吹くのは3つの理由から

人はどんなときに口笛を吹くのか。まず考えられるのが、楽しいときや嬉しいときだろう。こういうときは、気持ちの高まりがつい鼻歌や口笛になって表れたりする。選曲は、流行りの歌や楽しげな曲調のものになるだろう。

あるいは、カッコつけたいとき。石原裕次郎の『口笛が聞こえる港町』（19

58年）という歌があるが、この場合はマイナー調のバラードに違いない。

口笛には、もう一つ、なだめ行動という効用もある。何かを紛らわせるために口笛を吹くというケースだ。

たとえば、夜、地下室の倉庫へ1人で書類を取りに行ったとしよう。人気もなくて、どうも薄気味悪い。こんなとき、つい口笛を吹くことがある。これは、**不安な気持ちを紛らわすための「なだめ行動」**と説明できる。

あるいは、車を運転中に、同乗者との会話が続かなくなった。こんなときにも、間がもたない不安感をなだめるために口笛を吹いたりする。

また、嘘をついているとき、焦っているときに、それを知られたくない心理から口笛を吹くこともある。これも、なだめ行動だ。

無意識に指を鳴らすのは「なだめ行動」

映画『ウエストサイドストーリー』からポール牧まで、指をパチンと鳴らす動作は、昔はよく見られたものだが、最近はあまりやらなくなった。意識してこの動作をするのは、ミュージシャンがカウントをとるときぐらいだろう。

一方、無意識にこの動作をしている人を、たまに見ることがある。

たとえば、何かを閃いたときだ。考え事をしていてナイスアイデアを思いついた瞬間、思わずパチンと指を鳴らす。

あるいは、考え事をしている最中に、

頻繁にパチンパチンと指を鳴らしている人もいる。この場合は、ある種の「なだめ行動」で、**ストレスや葛藤をなだめようとする行為だ**。ボールペンをカチカチいわせるしぐさと同じで、音を出すことで、苛立つ神経をなだめている。

しかし、これらの動作は、本人の苛立ちは抑えることができても、まわりを苛立たせることがある。

そもそも、この指パッチン自体が、今では少々キザに感じられるので、あまりいい印象を与えない。ミュージシャン以外はやめておいたほうがいいだろう。

うつぶせ、仰向け、横向き…寝姿でわかる真の性格

起きているときは、自分を取り繕ったり、嘘をついたりもできるが、寝ている間の人間は無防備だ。どうしても素の自分が出てしまう。

たとえば、眠るときにうつぶせの姿勢を好む人は、神経質な人が多い。

身体の前側には、首、胸、お腹、性器などの急所がある。うつぶせは、こうした急所を守る姿勢なので安心感が得られる。**神経質で不安を感じやすい人は、この姿勢を好む**傾向がある。

こういう人は、ちょっとしたことにも敏感に反応するから、ストレスを溜めやすい。半面、几帳面で仕事はきっちりこなす。

また、ベッドを抱え込むような姿勢になるため、征服欲が強く、支配したがるという、どちらかというと保守的なタイ

プ。自己中心的で、自分のことを棚に上げて他人にあれこれと口を出す、批評家タイプでもある。

仰向けを好む人は、寝ている間も急所をオープンにする自信家タイプ。小さいことにはこだわらないが、無神経な一面もあり、トラブルになることも。

横向きに眠る人は、心臓を守る合理的な姿勢をとっているわけで、理性的かつ危機管理能力にも優れている。その分、リスクを負わない安全運転型。

胎児のように丸まって眠る人は、警戒心が強い。なかなか他人に心を開けず、誰かに守ってもらいたいと思っている。

寝姿には、人の本性が垣間見える。とはいえ、ある程度親密にならないと知ることができないのが歯がゆいところだ。

運転中は〝凶暴〟になりやすいもっともな理由

ハンドルを握ると本性が出るなんて、未熟な人間のすること。自分は普段通り慎重で安全な運転を心がけている――。そんな人でも、横道から自転車が急に飛び出してくると、

「どこ見てんだ！ 危ないだろ！」

などと大声で怒鳴ったりすることがある。これもやはり本性だろうか。

車の運転時は、極端にいうなら死と隣り合わせの状態。いくら慎重に運転していても、事故に遭わないという保証はない。車は〝走るマイルーム〟といっても、運転中は極度の緊張を強いられるものなのだ。

実際、運転中は平常時よりも血圧も心拍数も上昇することが実験で確かめられている。まるで戦場にいるようなものだ。

このような極限状態で自分の身に危険が迫った場合、**動物としての本性には、相手を攻撃してその状況を回避しようとするプログラムが組み込まれている。**それが、あおり運転などの攻撃的行動となって発動する。

ちなみに、攻撃を開始するには、必ずきっかけがある。自転車が飛び出してきたというささいなきっかけでも、死と隣り合わせという緊張状態にあれば、本能はそれを生命を脅（おびや）かす攻撃と感じ取ってしまうのだ。

こうした心のメカニズムを意識することも、冷静さを保つ助けになるはずだ。

抜かれると抜き返す人は劣等感の裏返し

S・スピルバーグ監督の出世作『激突！』は、主人公のセールスマンが、ハイウェイで追い越した大型トレーラーに執拗（しつよう）に追われるというストーリーだ。

その暴走ぶりは、あおり運転どころではなく、列車が通過中の踏切に、後ろからグリグリと押し込もうとするなど次第にエスカレートする。

この映画のポイントは、トレーラーの運転手がいっさい画面に現れないことだ。こんな執拗な嫌がらせをするのは、どんな人物なのだろうか。

高速で追い越しや車線変更が多い人、抜かれるとむきになって抜き返す人は、負けず嫌いでワガママ、はっきりいえば幼稚な性格だ。

運転中でもゲームのように「負けたくない」という意識が強い。そのため、相手の車を追い越すこと、自分の気分通りに車線変更することで、周囲に対して自分の優越をアピールしているのだ。

実はその心理の奥には、人に馬鹿にされたくないという意識がある。これは、言い換えれば、**誰かが自分を馬鹿にしているかもしれないという劣等感の裏返し**といってもいい。

こういう人は、普段の生活でもワガママで自分勝手なタイプであることが多い。

高級車に乗ると軽自動車を馬鹿にするのは？

交差点での出合い頭や駐車場の出口、高速の合流では、車同士の力関係が如実に表れる。

軽自動車と高級外国車がお見合いしたとき、必ずといっていいほど道を譲るのは軽自動車のほうだ。もしかすると、軽自動車の運転手のほうが、年齢も社会的地位も上かもしれないのに。

人は、着ている服によって性格が変わる。この心理を「ドレス効果」という。

重役を前にした大事なプレゼンのときには高級なスーツを着ていくと、堂々と振る舞える。通勤用の服から制服に着替えると、身が引き締まって〝仕事用〟の人格になる。それが「ドレス効果」だ。

車の場合も同様で、乗っている車で気分が上がったり、相手の車に対して態度が変わったりする心理は「ドレス効果」で説明できる。

車は、ただでさえ強力なパワーとスピードを出すことができる機械だ。これを意のままに動かせるとなると、つい、自分が強くなった気がしてしまう。

さらには、車体の大きなトラックやRV車、高級外車などに乗っていると、余計に気が大きくなる。軽自動車に対して、自分が優位であるかのような〝態度〟をとってしまいがちなのだ。

だが、どんな車に乗ろうと、車はあなた自身ではない。強力なパワーをもっているからこそ、歩行者には特に謙虚でなければいけないのはいうまでもない。

店員に横柄(おうへい)な態度をとる人の自己中な心理とは

「店員に横柄な態度をとる人」は、女性の「つき合ってはいけない男」ランキングの筆頭に挙げられる。つまり、女性からはなはだ評判が悪いのだが、こういう態度をとる人の心理はどうなっているのだろう。

店員に横柄な態度をとる人は、概して権威主義的な性格であると考えられる。お金を払う客が店員よりも立場が上なので、要求したり命令したりするのは当然の権利だと考えるのだ。

もちろん、これは間違いであり、客と

店員は金銭とサービスを交換するという契約に基づく同等の関係にすぎない。それを自分の都合のよいように〝誤解〟しているわけだから、**理解力が乏しく自己中心的**だといっていい。

また、こういう男は、本当は自分に自信がない。自信がないので、女性と一緒だったりするとつい自分を大きく見せたくなり、サービス業の人相手に横柄な態度をとってしまう。

いずれにせよ、どんなにイケメンでもこういう男とはつき合うなというのは、もはや常識なのだ。

褒められても喜ばない人は職人気質だから？

「うわぁ〜、○○さん、さすがですね。こんなこと、簡単にできちゃうんですね」

こう褒められたら「いやいや、それほどでも」と、照れ笑いの一つもするのが普通だ。しかし中には、ニコリともせず「たいしたことではありません」と一蹴するか、面倒くさそうに無言で受け流す人もいる。いったい、どのような心理からなのだろうか。

考えられるのは、まず、この手の賞賛に飽きている。

いちいち反応するのが面倒なので、スルーしているという状態だ。要するに「お世辞はもう、うんざり」なのだ。

次に考えられるのが、仕事なのでできて当たり前と思っている。

料理人が「料理がお上手ですね」と褒められても意味がないように、プロなので必要なスキルはあって当たり前、褒められて照れ笑いするほうがおかしいと思っている場合だ。

最後に、**人の評価を気にしない人**も、こうした反応を示す。

求道的な職人タイプで、自分が納得できればそれでいいし、納得できなければいくら褒められても意味がない。わが道を行くタイプだ。

キレやすい人が隠しもつ寂しい本音とは

「このハゲーッ！」と秘書に罵声(ばせい)を浴びせる国会議員から、コンビニで店員の態度が悪いと土下座させるヤンキーまで、なぜ、人はこんなにあちこちでキレるのか。キレやすい人には、何か共通した特徴があるのだろうか。

すぐにキレる人というのは、権力にせよ腕力にせよ、力をもっている人だと考えがちだが、実はむしろ逆で、心の奥底にコンプレックスを抱いている人が多い。

怒りの感情は、突き詰めてしまえば、自分がないがしろにされたと感じたときに起こるものだ。

陰で悪口を言われた、雑踏(ざっとう)で肩がぶつかった、あるいは店員の態度が悪かったという場合もすべて同じだ。**「自分は大切に扱われていない」という気持ちがコンプレックスに着火すると、怒りとなって爆発する**。

一見、コンプレックスとは無縁のような人でも、親の期待に応えられていない、思い描いた理想に達していないなど、人にはわかりにくい悩みがあるものなのだ。

また、一度キレたら怒りを抑えられない人は、自己中心的でもある。この世界は自分の思い通りになると思っているか、自分だけがこんな目に遭うのは理不尽だと思っている。

コンプレックスは本人が克服するしかない問題なので、すぐキレる人とは、距離を置いてつき合うしかない。

いつも食べ過ぎる人は心が満たされていないって?!

志賀直哉の『小僧の神様』は文庫本で20ページほどの短い話だ。

あらすじをごく簡単にいうなら、小僧の仙吉が見知らぬ金持ちに寿司をたらふくご馳走になるという、それだけの話だ。仙吉は、かの金持ちを「神様だったのではないか」と思う。

お腹いっぱい食べることは、何物にも代えがたい幸福だ。だからというわけではないが、つい食べ過ぎてしまうということが、誰にでもある。

人はなぜ食べ過ぎるのか。それは脳の機能として、食べることが幸福感に繋がるようになっているからだ。

したがって、いつも食べ過ぎてしまう人は、**ストレスや悩みを抱えている人**だといえる。心が満たされないために、食べて満足感を得ようとする。しかし、それでは満たされない原因を解決していないから、いくら食べても本当の満足感を得られない。だから、また食べ過ぎてしまう。

なお、食べるという行為は、愛情を受けることの象徴でもある。幼いころ、母乳をはじめとする食べ物を母親から与えてもらうことが、すなわち愛情だった。

大人になっても愛情を十分に受け取っていないと感じると、食べることでそれを求めるようになる。それが過食症などの摂食障害に繫がる。

いつも食べ過ぎてしまうという人は、ストレスの原因は何か、家族との関係に問題はないか、見つめ直してみよう。

手を洗いすぎる人は決断に迷いがあるからかも

手を何度も洗う人は、非常に潔癖な人だ。少しでも汚れると気になってしまうわけで、完全主義的な性格でもある。

また、洗うことは、清潔さを保つだけではなく、心のもやもやをもぬぐい去る効果があることが、実験で確かめられている。

人は、難しい決断をした後で「あれは正しい選択だった」と合理化しようとする。これを「決定後不協和」という。ところが、決定後に手を洗うことで、この合理化しようとするプロセスが必要なくなったというのだ。

ミシガン大学でこんな実験が行われたことがある。消費者意識調査と偽って、被験者に10枚の音楽ＣＤを好きな順番に並べてもらう。一部の学生には手を洗ってもらい、一部の学生はそのままにして、最後にもう一度、自分が並べたＣＤを見てもらった。

すると、手を洗わなかった被験者はCDの並びを少し変えたりしたのだが、手を洗った被験者はほとんど変えなかった。

つまり、**難しい決断をした後で感じる"迷い"を、手を洗うことで払拭（ふっしょく）することができる**のだ。

しょっちゅう手を洗う人は、自分がしてきた決断を正当化したいと思っている。その心理が、何度も手を洗うという行動に表れている可能性がある。

もっとも、この行為が度を超してしまうと強迫神経症の恐れがあるので、心療内科に相談するのがよいだろう。

男性が誕生日を忘れやすいもっとな理由

彼や夫が、自分の誕生日や2人の記念日を覚えていてくれるかどうか。女性はこれを愛情のバロメーターにする。むしろしすぎる傾向がある。

男性がうっかり忘れていたりすると、「私のことを愛していないのだ」と考え、落ち込んだり、大喧嘩になったりする。だから、

「今日、何の日か知ってる？」

と聞くときの女性の瞳は期待に満ちあふれ、男性はこの言葉が恐怖なのだ。

しかし、男性が女性の誕生日や記念日を覚えていないのには、心理学的な、いや、生理学的な理由がある。

男女では、脳の構造に若干の違いがある。記憶に関連する「海馬（かいば）」と呼ばれる部分が、女性のほうが大きいのだ。海馬が関連するのは、さまざまな記憶の中の「エピソード記憶」と呼ばれるもので、誕生日や記念日の日付だけでなく、その日に起きたこと、自分が感じたことなども含まれる。

だから「一昨年の誕生日には、銀座のレストランで食事をして○○がとってもおいしかった。その後、彼が△△をプレゼントしてくれて嬉しかった」という出来事を、女性はよく覚えているのだ。

男性の脳は女性に比べ、実用的な情報をより多く記憶するようになっている。

これは、原始時代から男性が狩りをするために、必要な情報だけを記憶するようになっているからだという説がある。

つまり、男性が女性の誕生日を忘れてしまっていたとしても、それは女性を「大切に思っていない」という心理とはまったく関係がないのだ……たぶん。

男性に生返事が多いのはマルチタスクに向かないから

「ねえ、これ可愛いと思わない？」
「うん、そうだね」
「今度、このお店行きたいな」
「うん、そうだね、今度ね」

生返事とは、こちらの話を聞いているのだかいないのだかわからないような、気のない返事のこと。こんな返事をされると、女性はイラッとしたり、悲しくなったりする。愛情が薄れてきたのではないかと疑ってしまうからだ。

もちろん、そういう場合もたしかに生返事は多くなる。しかし、早計な判断をする前に、男と女の脳の違いを知っておこう。

女性は、右脳と左脳の両方を同時に使うことができるマルチタスク型といわれている。だから細部にもよく気がつき、きめ細かな対応が可能なのだ。

一方男性は、左脳か右脳、どちらかを集中して使う傾向がある。つまり、**一度に一つのことしか処理することができないのだ。**

だから、男性は本を読んでいるときやテレビを観ているとき、ゲームに熱中しているときなどに話しかけられると、つい生返事をしてしまう傾向があるのだ。

自分から挨拶をしない人は人を見下している

挨拶は社会人の基本。ところが、その挨拶ができない人がいる。正解にいえば、できないのではなく、しない。もっと正確にいえば、自分からはしないのだ。

いったいどうしてだろうか。

まず、こういう人は、非常に合理的な考え方をする人だ。

挨拶をすることが利益になるなら、する。ならないなら、しない。つまり、その人にとって仕事上、関係を保つ必要がない人であれば、たとえ顔見知りでも挨拶をする必要はないと考えている。

また、**上下意識が強く、下の人間には自分から挨拶をしないと**決めている人もいる。

もちろん社長や役員であれば、いちいち平社員に自分から挨拶はしないだろう。しかし、同じ平社員同士でも、どういう基準なのか、「オレはあいつより上だ」と思ったら、自分からはしない人もいる。

また、反対に自信がないために挨拶をすることを避けるという人もいる。

相手は自分のことを覚えていないかもしれない。いっぱしの人間と認識していないかもしれない。だから、自分から挨拶するのはおこがましいと思ってしまう。

あるいは、人間関係を煩(わずら)わしく思うあまり、挨拶することで〝関係〟が生まれてしまうことを恐れている場合もある。

だが、どんな場合でも、挨拶はして減るものではない。「きちんと挨拶ができる人」と思われたほうが得である。

笑いながら謝罪する人は何を考えている？

仕事上のミスでクライアントに損害を与えてしまったという場合、さすがにへらへらと笑いながら謝罪する人はいないだろう。

ところが、気の置けない同僚や友人同士（と当人は思っている）だと、ときどきいる。

「いやぁ、ごめんごめん。例のあれ、持ってくるの忘れちゃってさ（笑）。『あっ、しまった！』と思ったときにはもう電車の中だったわけよ（笑）。もう、そんな顔するなよ、ハハハハハ」

こんなふうに笑いながら謝罪する人

は、本当に悪いことをしたとは思っていないのは明らかだ。

しかし、失敗をした、迷惑をかけたことは笑えることではない。では、なぜ笑ってしまうのか。それは、ミスをしたバツの悪さを、その場で笑い話にしてしまおうとしているのだ。

自分の弱点や過去のつらい経験などを引きずらないために、笑い話にしてしまうのは有効な方法だ。笑って人に話したり、心の中で笑い飛ばしたりすると、精神的な負担は軽くなる。笑いながら謝罪する人にも、似たような心理が働いていると考えられる。

しかし大きな誤解は、そもそも笑い話にする権利はミスした側にはないということ。こういう人は、迷惑をかけられた側の心情に思いが至っていない。洞察力や認識力に欠けるところがあるのだろう。

ショッピング中に別行動したがる男性の心の内

つき合いはじめのデートなら、映画や遊園地などイベントを用意しておくものだが、つき合いも〝安定期〟に入ってくると、デートも日常の一部になる。そんなとき、意外と鬼門なのが、ショッピングだ。

特に女性のショッピングにつき合う男性の態度で、思わぬ波乱が起きることがあるからだ。

そもそも男性が買い物をするときは、何を買いに行くか、事前に決めていることのほうが多い。しかし女性は、ざっくりと決めただけで、いろいろなショップで見て回りたいし、あれこれ試しながら悩みたいのだ。

そんな女性の心理を理解しない男性は「オレ、ちょっと本屋見てくるから」などと、別行動したがる傾向がある。

こういう人は、**自分勝手でマイペースな性格である可能性が高い。あるいは、非常に合理的な考え方をする人**だ。

「自分が意見を言ったところで、本人が気に入ったほうを買うのだから、一緒にいるのは時間の無駄。それより、女性がつき合ってもつまらないだろう用事を、その間に済ませておくほうが合理的」と考えているのだろう。

こういう人は、女性が必ずしも合理的な考え方をしないということをわかっていないのだ。たとえ、本人が気に入ったほうを買うにせよ、「ねえ、どっちがいいと思う？」と聞く相手が必要なのだということを。

なぜ、男性は別れてからも連絡してくるのか？

男性は別れた女性に夜更けに電話をしたりする。『オリビアを聴きながら』のころから、ずっとそうなのだ。もちろん女性のほうは、電話は無視、メッセージは既読スルーと決まっている。

男女のこの違いは、いったいどこからくるのか。実はここには、人類の進化における心理学上の理由が隠されている。

男性、つまりオスは、常にバラマキ戦術によって子孫繁栄を図ってきた。身もふたもない言い方をしてしまえば、**複数の女性と同時におつき合いすることも可能**なのだ。

一方、女性つまりメスは、子供を産み育てることで子孫繁栄を図ってきた。子供を宿してから出産に至るまで10か月以上の歳月が必要だし、その後の子育て期間もある。その間は、1人の男性をしっかり確保しておかなければならない。

そして、一度男性とお別れしたら、きっぱりと見切りをつけて、次の男性を見付ける。それが種の保存のために最良の戦略であり、軽い気持ちでほいほいと電

話に出るわけにはいかないのだ。

男性は「一度つき合った仲なのに、ずいぶんつれないじゃないか」と思うだろうし、女性は「別れたのに、なんで今さら」と思うだろう。

それはもう、男と女の深い溝と思ってもらうしかない。

道を間違えても引き返さないのは男の本能

だいたいデートでも、店を決めてリードするのは男性のほうだし、車を運転するのも男性の場合が多い。

女性としては、それは快適なことではあるのだが、一つだけ問題がある。男性は道を間違えても引き返そうとしないことだ。

道が違うかもしれないと思っても、引き返して確認しようとしたり、人に道を聞いたりもしない。いったいなぜなのか。

一般に、男性の脳は左脳よりも右脳のほうが大きい場合が多い。右脳は空間や感性を司る(つかさど)といわれ、イメージ、図形、表情などの視覚的情報を把握する機能がある。

つまり、地図のような平面情報を理解する「空間認識能力」が、男性のほうが女性よりも優れている傾向があるのだ。

これは、狩りをするときに、広い原野を獲物を探し回り、追いかけ、仕留めることで鍛えられたと考えられている。

それゆえ、**本能が許さない**。**道を間違えたことを認めることは**、間違えたと思っても、引き返したり人に聞いたりせず、自分の「空間認識能力」で打開することは、狩りをして家族に食料を持ち帰っていた男性のプライドなのだ。

交際相手を束縛するのは自分が浮気をしたいから

交際相手をやたらと束縛したがる人がいる。男性に多いパターンだが、女性にもいる。友達と一緒にいても、いちいち確認してくる。会社の飲み会なのに、しきりに迎えに来ようとする。電話やメールをすぐに返さないと怒る……。

相手を束縛したがる心理には、二つの要素がある。

一つは、自分に自信がない。交際相手が他の異性に目移りしてしまわないか不安なのは、自己評価が低いからだ。自分には愛されるだけの魅力がないと思い込んでいる。だから、捨てられたくなくて束縛するのだ。

もう一つは、相手を信頼できない。それは、自分自身がそうだからだ。つまり**自分自身に浮気願望が強いと、相手もそうなのだろうと思ってしまう**。

これは、心理学では「投射」と呼ばれる。自分の欠点を他者の中に見いだして嫌悪したり、自分の心の中にある欲求や感情を無意識のうちに他者に転嫁したりする心の働きだ。

自分自身に浮気願望があると、それを相手に「投射」し、きっと浮気をするに違いないと決めつけるのだ。

束縛したがる交際相手にうんざりしたら、こちらも同じように束縛してみるのも一つの方法だ。相手を縛っているのに自分が縛られるのを嫌がるようなら、浮気願望があると見て間違いない。

パートナーに尽くしすぎる人の心理とは

昔は男性に尽くすタイプが「良妻」といわれた。最近は少なくなったようだがそれでも尽くすタイプの女性はまだまだ存在している。

自分を犠牲にしてもパートナーに尽くす人は、実は自分に自信のない人だ。

自信はないが、相手の気持ちを繋ぎ留めておきたい。そのためには、自分がパートナーに貢献して、手放させない存在にならなくては……という心理が潜んでいる。

尽くし尽くされてお互いハッピーならそれでいいのだが、実はここに、陥りやすい罠（わな）がある。

もともと相手に好意を抱いているから尽くすわけだが、**尽くすことで相手への好意が増してくる**。すると、ますます尽くすようになる。

ついには相手から離れられなくなり、依存するようになる。

尽くされたほうは、今度は、受けた愛情と同じくらい愛情を返そうとする。これを「返報性の原理」という。

しかし、そもそも過度に尽くされているのだから、十分な返報はできない。だから、この人とは別れたほうがお互いのためなんだと思うようになる。

心理学的に説明するとこういうことだが、簡単にいうと「ウザい」と思われて、お別れするという結末が待っている。

履いている靴だけでその人のことがわかる！

人を見るときは、まず靴を見ろという。いくら服装がちゃんとしていても、靴が汚れている人はだらしのない人。靴が綺麗なら、身だしなみにも十分に気を配ることができる、しっかりした人だという意味だろう。

しかし、それだけではない。**靴を見れば、その人のことは9割以上わかってしまう**という人がいる。

カンザス大学の心理学者オムリ・ギラスは、足元だけが写った208人の写真を63人の生徒に見せた。そして、その持ち主の年齢、社会的地位、性格、政治的志向などを推察してもらった。

すると生徒たちの推察は、ほぼ当たっていたという。以下は履いている靴とその持ち主の特徴だ。

・**高価な靴**…高所得者
・**ビーチサンダルのように安価で、履き古した靴**…リベラルな人
・**派手でカラフルな靴**…外向的で明るい人
・**実用的で機能性を備えた靴**…親しみやすい人
・**アンクルブーツやブーティ**…積極的で攻撃的な人
・**特徴がなくありきたりな靴**…外見もとくに目立たず、人に気を使わない性格。さらに人間関係も苦手
・**しっかりと手入れされ、磨き込まれた靴**…心配性の人

確かに当たっているような気がする。

行列を避けて空いている店に入る人は神経質

2軒のラーメン店AとBが同じ界隈にあるとする。Aは、常に行列のできている人気店。Bは、並ばずに入れる町の中華屋。このとき、あえてB店を選ぶ人の心理は、二つある。

一つは、行列はできていないが、自分はその店を以前から知っていて、おいしいということも知っているという場合。

もう一つは、行列ができていないからという理由でB店を選ぶ場合。

前者なら、流行や周囲の意見に流され

ず、ポリシーを貫ける意志強固な人だ。

もしかすると、多少味は落ちても、行列に並ぶ時間のロスを考えたらB店がトク、と合理的に考えたのかもしれない。

また、人混みを避けることから、**あまり人間関係が得意ではなく、神経質な面も持ち合わせている**かもしれない。

後者なら、ひと言でいえば「あまのじゃく」だ。実はこれは「スノッブ効果」と呼ばれ、他人と同じ物は欲しくないという心理の表れでもある。人には〝自分は人と同じではない〟と思いたいという心理があるのだ。

大量生産の大ヒット商品よりも、稀少品や限定品を欲しがるのも、この心理だ。

中には、限定品を求めて行列に並ぶという不思議な行動をする人もいる。

飲酒して豹変する人は「本当の自分」を開放している

お酒を飲むと、陽気でおしゃべりになる人がいる。愚痴（ぐち）が多くなる人、絡む人、妙に理屈っぽくなる人もいる。中には、シラフのときとまるでキャラが変わってしまう人もいたりする。

これは心理学的には、どう説明できるだろう。

アルコールが入ると、脳の中枢が一時的に麻痺して、普段は抑制していたものが表に出てきてしまう。**酔っているときの自分が、ある意味では、本来の自分**ということになる。

たとえば、本来は陽気でおしゃべりな人が、会社の人間関係をうまくこなしていくためにおとなしくてお行儀のいいキャラを演じているのかもしれない。

もちろん、意識してキャラを演じているのではなく、無意識のうちに「陽気に騒ぎたい、思いっきりおしゃべりしたい」という欲求を抑え込んでいるのだ。

この抑え込まれた欲求が無意識の領域に溜まっていくのだが、お酒を飲んで抑制が外れると、これが一気に噴出する。

つまり、お酒が人を変えるというのは嘘。お酒を飲んだときの自分は、いつも無意識の中に抑え込まれている本当の自分と考えて、うまくつき合うのがいい。

逆に、人の本性を知ろうと思ったら、お酒に誘うのが近道だ。「お酒さえ飲まなければ、いい人なんだけど」という人とは、悪いことはいわない、別れたほうがいい。

鞄を置き忘れる人は、意外や柔軟で発想力に富む

忘れ物は誰でもする。雨上がりの帰りの電車で、傘を置き忘れたことがない人は少数派だろう。傘はいつも手に持っているものではないし、雨が上がればなくていい物だ。つい置き忘れるのも無理はない。

でも鞄（かばん）はどうだろう。鞄は、たいていの場合、持ち物の中で一番重要なもの。まさか忘れることはないだろうと思いが

ちだが、案外そうでもない。

網棚に上げて忘れたり、飲み屋に忘れてきたり、吊り革を持ち替えようとしてうっかり鞄をもっている手を離し、足元に落としてしまう人もいる。

どのような心理が、そこにはあるのだろうか。

鞄を忘れる人は、一つの考えからどんどん思考が拡大していって、いろいろな事を同時に考えてしまう傾向があるといわれている。

人の脳は、前頭葉という部分で、緊急で大事なことを記憶しておく仕組みになっている。ところが、**前頭葉では、1度にだいたい4項目しか覚えられない**。だから、重要性が低い傘などはよく忘れられてしまう。

重要性の高い鞄まで忘れてしまうのは、あれこれと頭の中で考え事をしていたり、アイデアを次々と思いついている人だ。つまり、柔軟で発想力のある人ということになる。

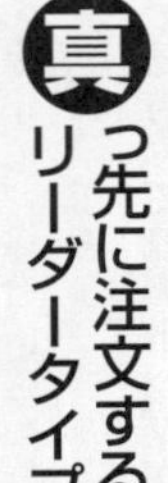真っ先に注文する人はリーダータイプ

数人でランチや居酒屋に行ったときに、最初にさっと決めて注文する人がいるものだ。

こういう人は、リーダーの素質がある。たいていの人は、少し様子を見ながら決めようと思っているので、メニューを見ながらも周囲を意識しているはずだ。

みんなはどの価格帯で攻めてくるのか、ランチのお得なセットでいくのか、

それとも単品メニューから選ぶのもアリなのか、食後の飲み物は付けるのか……。まわりを見ながら常に〝護送船団方式〟で決めるのが、日本人のランチの注文の仕方だ。

　しかし、リーダータイプの人は、周囲のことは一切気にせず、さっさと自分の食べたい物を決めて、さっさと注文してしまう。

　周囲の意見に惑わされることなく、自分がいいと思ったことは、必ず実行するタイプ。グループにはこういう人がいないと、いつまでも、みんなでメニューを見ていることになる。

　ただし、このタイプは協調性がないところもある。席に案内されるなり、

「オレ、○○定食！」

と、メニューすら見ずに決めてしまわれると、他の人は落ち着いて選べない。リーダータイプは、あまり自己中心的でも困るのだ。

みんなと同じ物を注文する人の心理とは

伊丹十三(いたみじゅうぞう)監督の映画『タンポポ』に、こんなシーンがあった。

　とある高級レストランで、接待が行われている。

　接待する側のトップがメニューを見て注文をすると、両方の重役たちは次々と同じ料理を注文。末席にいた接待する側の平社員に最後にメニューが回ってくると、食通なのか、仔細にメニューを検討しだし、給仕係に質問までしはじめる。

すると、隣の上司がしきりにテーブルの下で平社員の足を蹴って……というエピソードだ。

この重役たちのような態度、つまり、上司が注文するのを待って、

「じゃあ、私もそれで」

という人が日本人には多い。

あるいは、数人で食事に行き、みんなが次々と同じ注文をして最後になってしまい、本当は他に食べたかったメニューがあるのに、

「私も同じ物をください」

と言ってしまう人もいるだろう。

そういう人は、よくいえば協調性が高いタイプだ。**自分の意見を無理やり押し通すよりも、チームの和を重んじる。**

ワル目立ちするくらいなら、少しぐらい自分を押し殺してもいいと思っている。悪くいえば、臆病で自己主張がない人だろう。

時には、自分の食べたい物を、お腹いっぱい食べることも大切だ。

議で真ん中の席に座る人は実は寂しがり屋？

定例の会議にせよ、ちょっとしたミーティングにせよ、テーブルのどの位置に座るかは、人によってだいたい決まってくるものだ。

いつも決まって真ん中の席に座りたがる人もいれば、端っこにばかり座る人もいる。こんなところにも、人の性格や心理が表れる。

いつも真ん中に座りたがる人は、目立

ちたがり屋だ。真ん中はメンバーの視線が集まる席だからだ。会議の最中も、積極的に発言してリーダーシップを発揮することが多い。

注目されることを好む人は、逆にいえば、注目されないことに耐えられない。

つまり、寂しがり屋で、チヤホヤされたり、おだてられたりしたいのだ。こういう人は、上手に褒めておだてながらつき合うのが、よい操縦方法だろう。

反対にテーブルの隅に座る人は、内向的な性格で、できればこうした場で発言したくないと思っている。だから目につかない場所を確保したがる。

いつも会議室の出入り口近くの席に座る人は、自分の立場に不安を感じている。自分はここにいてもいいのだろうか？という感覚が常にあるために、無意識に出入り口近くの席を選んでしまう。

実際に途中で退出するわけではないのだが、なんとなく出入り口近くが落ち着くのだ。

顔の下でバイバイする女性は恋心を隠している！

恋愛の初めのころは、相手の気持ちが気になって、ささいなしぐさにも「どういう意味だろう？」とつい考えてしまうものだ。特に別れ際がもどかしい。

「じゃあ、またね」

と、すたすた立ち去るのを見て、友達程度のつき合いなのかと落ち込んだり。別れて歩き出した後、振り向いたら向こうも同時に振り向いて、案外相性いいかも？ とニンマリしたり。

別れるときの手の振り方も、気になるときは気になるものだ。

女性が、顔の下あたりで小さくバイバイと手を振る場合、**あなたに恋心を抱いている**と思っていいだろう。

本当は大きく手を振りたいのだが、周囲の人に見られると恥ずかしいので、あなただけに見えるように、小さくバイバイする。なぜ、恥ずかしいのかといえば、そこに恋心があることを悟られたくないからだ。

もしも、ただの友達と思っている異性の同僚がこのしぐさをしたら、そこには、あなたに対する恋心が隠れているかもしれない。

ただの友達なら「じゃあね」とすたすた立ち去るはずだからだ。

テーブルの上の物をどかすのは「受け入れたい」から

居酒屋であなたが後輩と向かい合わせで飲んでいるとしよう。

こういうシチュエーションでは、つい先輩風を吹かせてアドバイスなどをしてしまいがちだ。説教口調になることもあるだろう。

こんなとき、後輩はこの状況をどう思っているのか、ふと気になるものだ。

「貴重なアドバイス」だと思って真摯に受け止めようとしているのか。それとも、内心ではいい加減にしてほしいと思っているのか。

それを探るヒントは、テーブルの上に

ある。

相手が、酎ハイのジョッキを正面に、つまり、あなたとの間を遮る(さえぎ)るように置いていたら、心理的にあなたとの間に壁をつくろうとしている。自分のことに立ち入ってほしくないし、あなたの話にも興味がないのだ。

逆に、目の前の皿を片付け、灰皿を脇にどけ、酎ハイのジョッキを脇に置くようにするのなら、あなたのアドバイスを心から受け入れようとしていると考えていい。

物理的な防御が解かれると、心理的な防御も解かれる。それが、間にある障害物をなくそうとするしぐさに表れる。

もちろん、これは男女の間でも応用できる。

カップを両手で持つ人は心配性

このところのコーヒーブームで、街のベンチや公園で気軽にコーヒーを楽しんでいる人をよく見かける。このコーヒーの紙カップの持ち方にも、人の性格や心理が表れる。

カップを両手で包み込むように持つ人は、慎重で心配性な人だといえる。なぜなら、カップを取り落としてはいけないという心理が無意識に働いているからだ。

真面目で実直、約束をきちんと守る性

格は、仕事ではプラスになるだろう。

また、自分を守りたいという自己防衛本能の表れでもある。警戒心が強く、簡単には人に心を開かないので、打ち解けるには時間がかかるタイプだ。社交的ではないが、一度打ち解けてしまうと親友になる。

では、いつもはカップを片手で持つような人が、そのときだけ、この持ち方をしていたら、いったいどういう心理なのだろうか。

それは、何か心配事があるか、何かワケがあって寂しい気持ちになっているのかもしれない。要するに心が弱っている状態だ。

カップを両手でもつしぐさは、**不安や緊張の表れ**といわれている。いつもは快活で社交的な友達が、このしぐさをしていたら「心配事があるなら相談に乗るよ」と軽く声をかけてあげよう。

カップを常に利き手で持つ人は几帳面で完璧主義

コーヒーカップや飲み物のグラスを持つとき、どちらの手で持つか。普通はあまり意識したことがないだろう。たいていの人は、右手で持ったり、ときどき左手で持ったりするものだからだ。

ただ、意識して見ていると、必ず利き手で持つ人がいる。こういう人は、デスクで作業中に飲み物を飲むときも、利き手の届きやすい位置に置いていることが多い。

また、食事や飲み会の席でも、利き手

に持っている箸やフォークを置いてからグラスに手を伸ばす。

片手で料理をつまみながら、もう片方の手でグラスを持つということはしないのだ。

こういう人は几帳面で完璧主義であることが多い。**できる準備はしっかりしておき、用意周到に物事を進めていくタイプ**だ。

仕事では頼りになるが、妙なところでこだわりが強く、融通の利かないところもある。

プライベートでつき合うと、少し堅苦しいと感じるところもあるかもしれないが、仕事は仕事と割り切ってうまくつき合えば、頼れるパートナーになってくれるだろう。

利き手とは逆の手で物を持つ人はリラックスしている

居酒屋でジョッキを持つとき、カフェのマグカップでコーヒーを飲むとき、相手が持ち手をどちらに向けているか、観察してみよう。

利き手とは反対側（右利きの人は左側）に置いていたら、その人は、今とてもリラックスして、居心地のよさを感じているはずだ。

利き手は雄弁だ。何かを伝えようとするとき、身ぶり手ぶりでコミュニケーションしようと利き手が活躍するし、ちょっとしたしぐさや動きで、感情を表に出してしまうのも利き手だ。

だから、リラックスして自分をオープ

ンにしたい心理が働くと、利き手を解放するために、ジョッキやグラスを持つなどの役割を自然に反対の手に任せるようになるのだ。

ちなみに、右利きなのにいつも決まって左手でジョッキやカップを持つ、あるいは、左手で持つことが多い人は、**社交的でオープンな性格の人が多い**。

こういうタイプは場の空気を明るくしてくれるが、配慮が足りない無神経な一面もある。余計なことまで言ってしまう、ひと言多いタイプだ。

脇腹をつつく男女はデキている?

男と女の関係はしぐさに表れる。別れ際、軽く手を振ってあっさり別れるようなら、ただの友達。チュッと〝おやすみのキス〟を交わしたら、たとえ本人たちが否定しようが恋人同士だ。

しかし、世の中には、これはいったいどっちだろう? と思わず考えてしまうようなしぐさもある。

たとえば、異性の脇腹をつつく。これは、**相手の異性に対してとても興味をもっている状態**、つまり、友達以上恋人未満の関係性を象徴している。

同じ異性間のボディタッチでも、肩に手を置く、背中にポンとタッチするというのは、通常の社会生活の中でもありうるしぐさだ。

手を繋ぐにしても、たとえば足場が悪いときに手を貸すという場合なら、十分にありうる。

逆に、相手の胸やお尻を手で触れることは、普通は恋人同士でなければやらないだろう。

異性の脇腹をつつく行為は、ただの同僚や友達の関係ではなく、もう少し近い関係であることを確認する行為。つまり、友達以上恋人未満のアピールなのだ。

男性が服装を褒めてきたら好意がある証拠！

イタリアなどラテン系の国では、男性が女性を褒めるのは〝挨拶がわり〟だが、日本ではそうはいかない。シャイな日本人は、イタリア人のように大袈裟に褒めるのが苦手だし、ヘタに「キミ、可愛いね」などと口走ったらセクハラ認定されかねない。

そこで、まずは無難に、女性の持ち物を褒める。これが、男性が女性を褒めるときのセオリーだ。

最初は小さな物から。お気に入りのステイショナリーなどを指して「それ、いいね」「可愛いね」と褒め、そのうちバッグや服や髪型を「可愛いね」「似合ってるね」などと褒めるようになる。

これは、何もバッグやファッションに興味があるわけではなく（たまにそういうこともあるが）、あなた自身に関心があるのは明らかだ。

一般に、日本人男性は、女性に対してリップサービスをほとんどしない。したがって、**相手の持ち物を褒めるということは、その人に対して、プラスの感情をもっている**ということ。

上手にポイントを突いて褒められれば、褒められたほうもけっして悪い気はしないものだ。

日本人男性の「その服、可愛いね」は、イタリア人の「キミ、可愛いね」よりも、ある意味、信用度が高いといえる。

第6章

大きな声では言えない趣味・嗜好からわかる心理

◉例えば、好き嫌いが多い人にはこんな性格傾向が…

いつも帽子をかぶっている人の複雑な心理とは

テリー伊藤、渡部陽一、上島竜平。この3人の共通点は、いつも帽子をかぶっているということだ。このように世の中には、帽子が好きで手放せないという人がいるが、どのような人が帽子にハマるのだろうか。

帽子は、身につけなくても特に困らないアイテム。もちろん、日差しを遮るためにかぶることがあるが、基本的には機能というより自己主張のためにかぶる。

つまり孔雀の羽のように、自分をより目立たせたい、綺麗に見せたいという心理がそこにはある。**自意識が強く、「自分らしさ」に人一倍こだわるタイプ**と見ていいだろう。

ただし、室内でも帽子をかぶったままの人は、他人の目をことさら気にする、自意識過剰の傾向がある。

帽子は本来屋外でかぶるモノで、室内では脱ぐのがマナーだ。しかし、ファッションとしてかぶっている人は「帽子も〝込み〟で私」という意識がある。この場合の「私」は、他者から見た私という意味だ。

また、帽子には逆に自分を隠す機能もある。この場合は、ツバの広い、顔が隠れる帽子を選ぶ傾向がある。人と接するのが苦手で、人の視線を避けたいという心理から、帽子をかぶる人もいるのだ。

帽子には、①自己主張と、②自分を隠す働きと、相反する心理が反映されてい

る。女優やタレントがプライベートで、派手な帽子で顔を隠しているのは、きっとそういうことなのだ。

同じ物ばかり食べる人は「無頓着」ではない

昼飯時になると同じ店に行って、同じメニューを注文する。あるいは、コンビニでいつも同じ物を買ってくる。

こういう人は、食にこだわりがない、あっさりした性格の人かと思うと、むしろ逆のことのほうが多い。いつも同じ物を食べる人は、たいていは頑固で融通の

利かない人なのだ。

そもそもその根本にあるのは、合理的思考だ。このあたりでは、この店が一番コスパがいい。この店ではハンバーグが一番おいしい。よって、この店でハンバーグを食べることが常にベストチョイスであるという結論に達している。

そして、**一度達した結論は変えようとしない。そこが頑固なのだ。**

だが、情報は常に入ってくる。「新しいパスタ屋がおいしい」という噂話。「部長、向こうの定食屋いいですよ」という他者推薦。「もしかして、店の『今日のおすすめ』のほうがおいしいかもしれない」という自らの心の声。

これらすべてに逆(さか)らって、当初の合理的結論に固執(こしつ)するのは、そうとうな頑固

者だ。

こういう人は、仕事でも人の意見を聞き入れないし、時代に合わせた対応ができにくい。また、リスクを冒して可能性に懸けるという選択がしにくい性格といえる。

辛い物好きはストレスを抱えている?!

スープの表面が真っ赤に染まった、見るからに辛そうなラーメンを「ヒ～ッ！　辛～！」と、汗を拭き拭き食べている人がいる。いったいなぜ、人はそこまでして必要以上に辛い物を食べようとするのだろうか。

その心理には、やはりストレスが関係している。

たとえば虫に刺されたら、爪で強く押さえると、痒みが和らぐと感じたことはないだろうか。これは「痒み」という刺激を、「痛み」というより強い刺激によって抑え、誤魔化しているのだ。

ストレスによる痛みを、辛味、つまり舌の痛みで紛らわそうとして、脳が「辛い物が食べたい」という指令を出す。従って**「最近、なぜか無性に辛い物が食べたい」と思ったら、ストレスが溜まっているサイン**と思ったほうがいい。

ところで、辛い物好きはなぜかエスカレートする。

これもやはり脳の働きに関係がある。辛い物を食べると、痛みを麻痺させるためにアドレナリンという脳内物質を分泌する。

その一方で、アドレナリンが効きすぎないよう、鎮静効果のあるエンドルフィンという物質も分泌して、バランスを取る。実はこのエンドルフィンが、身体をリラックスさせ、多幸感を感じさせる効果があるという。

辛い物が癖になり、エスカレートするのは、このエンドルフィンのせいだったのだ。

甘い物ばかり食べる人は子供っぽい人

会社の帰りにコンビニの灯りを見ると、ついふらふらと寄ってしまう。そして自分へのご褒美などと言い訳して、つい「コンビニスイーツ」を手にとってしまうということはないだろうか。

このように甘い物の誘惑に弱い人がいるが、そもそも人はなぜ甘い物を欲するのだろうか。

アメリカの心理学者が性格と食の好みの関連を調査したところ、甘い物を好む人は**甘えん坊で目移りしやすい、情緒が安定しない**などの傾向が見られたという。つまり、やや子供っぽいところがあるのだ。その一方、優しい心の持ち主で面倒見がいいという一面もあるそうだ。

また、一時的に「甘い物が食べたい！」と思うときは、身体が疲れていて、すぐにエネルギーに変わる糖分を欲しているときか、ストレスを感じているときだ。

甘い物を摂取すると、脳内にセロトニンという物質を分泌する。セロトニンは別名「幸せホルモン」とも呼ばれていて、多幸感をもたらす働きがある。ストレスを感じると脳がセロトニンを欲し、「甘い物が食べたい」と指令を出すわけだ。

ちなみに、甘い物でストレス発散しようとするのは圧倒的に女性が多い。これは、女性のほうが慢性的にセロトニンが不足しているからだそうだ。

甘い物を食べて、思わず「幸せ～！」と呟いてしまうのは、脳内のセロトニンのしわざだったのだ。

ゆっくり食事をする人はどんな性格か

数名で食事をするとき、早く食べ終わってしまわないよう、遅い人に合わせて調整したりする。日本では、食事の際にも〝護送船団方式〟を採用しがちだ。しかし、そもそも食事のペースは、人によってまちまちなはず。

実は「食べ方」は、その人の性格や心理を表しているという。

いつも食べるのがゆっくりで、他の人が先に食べ終わっても、料理をしっかり味わって楽しんでいる人。こういう人はどんな性格なのだろうか。

まず、心に余裕がある人だといえる。何事にもゆったり構えていてあくせくすることはない。**人生をコントロールして、一瞬一瞬を味わって生きていきたいと思っている。**「焦ってもしょうがない。のんびり、ゆっくりいこうじゃないか」という考え方が根本にある。

また、その余裕の背景には、経済的な豊かさがある場合が多い。つまり、お金も時間もたっぷりあるので、あくせくする必要がないのだ。そして、こうしたやり方を貫けるからには、自信家だともいえるだろう。

もちろん、まだ新人で経済的にも豊かであるはずはないのに、食べるのが遅いという人もいるだろう。こういう人も、まわりの〝船団〟に合わせようとせず、マイペースを貫いているという意味で、ある意味、度胸が据わっている。将来は大物になるかもしれない。

早食いの人は野心家で上昇志向が強い

ゆっくり食べる人は、心に余裕のある人。それなら、早食いの人は余裕のない人なのだろうか。たしかに、それは一面では当たっている。

早食いの人の中には、兄弟が多く貧しい家で育ったという人が多い。食事のときはもたもたしていると自分の食べる分がなくなってしまうので、自然と早食いになってしまったというパターンだ。

また、こういう人は、稼ぐために食事の時間も惜しんで働いた経験をもつことも多く、古いタイプの経営者には、いまだに「メシが早い奴は仕事ができる」と思っている人もいる。

早食いかどうかは、生まれ育ちだけで決まるわけではない。生来の性格もある。早食いの人は根っからの野心家であり、上昇志向が強い人だ。

食欲は、人間の基本的な欲求の一つ。この欲求に対して素直に従っているということは、地位や名声を手に入れたい、ビジネスで成功したい、富を築きたいという欲求に対しても素直に従い、努力を惜しまないだろう。

こういうタイプは、負けず嫌いで仕事も早い。そういう意味では、仕事がデキると評されることも多いだろう。ただし、せっかちで短気な一面もあるので、トラブルになることもある。

ビジネスでつき合うなら、あるいは異性として見るなら、ゆっくり派と早食い派のどちらを選ぶのか。選択が分かれるところだ。

無性に氷を食べたくなるのはストレスのせい？

夏の暑い日、カフェで冷たい飲み物を頼んで早々に飲み干す人がいる。残った氷をストローでクルクルいじくって、はやく溶かそうとする。それでも足りないと、グラスから直接氷を口に流し込んで、バリバリ食べはじめる。

こういう行動をしてしまう人は、**ストレスが溜まっている可能性がある。**

そもそも人は、物を破壊すると気持ちがスッとする。ストレスが解消されるのだ。「破壊セラピー」といって、廃棄品の皿や茶碗を叩き割ることができるサービスもある。

氷を〝破壊〟するぐらいでは、皿を叩き割るほどのストレス解消にはならないが、多少はスッとする。だから、氷を食べるのが実は大好きという人がいる。

しかし、どうしてもこれがやめられな

いという人は、もしかすると病気かもしれない。

「氷食症」といって、バリバリと氷を食べずにはいられない。飲み物の残りだけでなく、製氷皿にひと皿分以上食べてしまう。

その原因は、強い精神的ストレスの他に、貧血が考えられるという。体内の鉄分が不足すると、自律神経に狂いが生じて体温調整がうまくいかなくなる。すると、無性に冷たい物が食べたくなる。

特に若い女性は、生理で鉄分を失うため貧血になりやすいので要注意だ。

コレクターに共通する心理とは

ひと口に「コレクター」といっても、フィギュアやアニメ本から骨董（こっとう）やワインまでいろいろあるが、何かを集めたがる人に共通する心理とは、どのようなものだろうか。

それは、**他者から認められたいという社会認知欲求が満たされず、その代償行為としてコレクションに走る**という心理だ。つまり、人間関係が思うようにいかない、現実に不満を感じている、そんな思いから生じる欠落感を、収集することで埋めようとしていると考えられる。

だから、完璧に揃えられず一つでも欠けると、自分が不完全であるかのように感じてしまい、耐えられない。そこで是が非でも、最後の一つまで手に入れてコンプリートしようとするのだ。

さらに、コレクター同士で自慢し合うことで承認欲求も満たされる。

だからといって、コレクターがすべて社会的地位が低いとか、友達がいないというわけではない。

何の不自由もなさそうな高学歴のエリートが、実はガンダムフィギュアのコレクターだったりする場合、実は人知れず〝満たされない心〟を抱えているのかもしれない。

靴下の匂いを嗅ぐのは自己確認の本能

決していい匂いというわけではないのに、自分の靴下を嗅ぐのが好きという人がいる。男女ともに一定数いるが、いったいなぜ、そんなことをするのか。

一つは、体臭に神経質になっている。自分が気付かないうちに、周囲の人から「あの人はクサイ」と噂されているのではないかと心配なのだ。

これが過度になると、一種の神経症のようになってしまう。

もう一つの理由として、ただ匂いを嗅ぐのが好きという場合もある。これは趣味・嗜好というより、動物としての本能といえる。

動物は自分の存在を周囲に示すマーキングという本能がある。その一方で、**自らの存在を確認するために、自分の排泄物の匂いを嗅ぐ癖がある**のだ。人間が、自分の脱いだシャツ、靴下、下着などの匂いを嗅ぐのは、こうした本能の表れだといえる。

独り秘(ひそ)かに靴下の匂いを嗅ぎながら、自分は変態なのではないかと心配していた人は、安心してほしい。むしろ、本能のままに生きる野性の人なのかもしれないのだから。

ぬいぐるみに頬ずりするのは安心感を得るため

誰でも子供のころ、お気に入りのぬいぐるみをもっていただろう。たいていは大人になるまでに卒業するが、最近は大人になっても手放せない人がいる。ゲームセンターで取ってきたぬいぐるみを、大切に部屋に飾っている人もいる。

なぜ、彼らはぬいぐるみが好きなのだろうか?

それは、ぬいぐるみに触れることで、安心感を得ることができるからだ。

人は、何かに触れることで本能的に安心感を得られる。特に、ふわふわと柔らかい物は、より大きな安心感をもたらすことがわかっている。

心理学者のウィニコットによると、ぬいぐるみは格好の「移行対象」だという。

子供が親と離れているときに感じる不安を紛(まぎ)らわせるために、愛着を移行させる対象をそう名付けた。子供は、ぬいぐるみを手放さないことで、母親がいないときでも安心していられるという。

さらに、大人になっても、人はさまざまな不安とストレスに晒(さら)される。その中で、本来の自分以上に「大人」であろうとする。

そんなときに**ぬいぐるみに触れて、話しかけることで、子供に戻り、心の癒やしを得ている**と分析している。

ぬいぐるみは、子供だけでなく、大人にとっても癒やし効果があるのだ。

会社の机に私物を置く人はどんな人？

会社にもよるが、商品企画部、宣伝部などのクリエイティブ部門は、見ただけで他部署と明らかに空気が違うため、すぐにわかる。デスクに各自が好きなフィギュアや写真などを置いて〝自分の世界〟をつくっているからだ。

営業や事務系の社員でも、デスクに家族の写真などの私物を置いている人がいるが、そこにはどのような心理があるのだろうか。

会社のデスクは、そもそもどのようにも解釈可能なスペースだ。

自宅ではなく仕事のための場所だし、デスクは会社のものだ。でも、デスクは自分が仕事しやすいように専有してよいスペースでもある。

このデスクの上を、ことさら自分らしく飾ろうとする人は、縄張り意識の強い人だといえる。他の人のスペースと差別化して**「ここは私の場所なので、侵入しないで」と無意識に訴えている**のだ。

こういう人は自己愛が強いタイプで、やや協調性に欠ける傾向があるため、なかなか扱いが難しい。共同作業に参加させるより、「これはキミの仕事」といって任せて好きにやらせたほうが、きちんとやってくれるはずだ。

机の上や引き出しが片付いている人は仕事がデキる

机を見ると、仕事がデキる人かどうか、ひと目でわかるんだ——。そう言う人はたいてい年配の管理職で、「机の上や引き出しの中がきちんと整理できている人」は、仕事もきちんとしていると言いたいわけだ。

この評価、果たして当たっているだろうか。

机の上は、個人の領域（パーソナルスペース）であると同時に、職場という社会の一部でもある。従って、机の上がきちんとしている人は、**社会的秩序を守る人であり、仕事もスケジュール通りにきちんとこなす**。また、チームの和を乱すような行動はしないだろう。

さらに、引き出しの中まで片付いていたら、几帳面な性格であるといえる。仕事がデキるという評価はおおむね当たっているだろう。

ちなみに、机の上が片付いていて不要な物をいっさい置かないという人は、プライドが高いという一面もある。何も置いていないのは、本当の自分を見せたくないという秘密主義だからだ。

こういう人は、実は仕事面では頼りになるタイプといえる。こちらから相談をもちかければ、親身になって答えてくれるだろう。

机の上が散らかっている人はアイデアマン

机の上が散らかっている人は「何事にもルーズで、仕事ができない人」と評価を下されそうだが、それは少し違う。

たしかに、雑然としているというより、奔放すぎて、隣の机にまで書類などがはみ出してしまっているような場合は問題だ。他人の領域（パーソナルスペース）まで侵食してしまっているわけで、こうしたことに無頓着なのは、社会性がないと断言されても仕方がない。

こういう人は、自己愛が強いタイプ。つまり、自分のことには一生懸命だが、他人のことを気にすることができないという可能性がある。

しかし、仕事ができない人かというと、そこは一概にはいえないだろう。むしろ、**一つのことに集中して取り組む完璧主義者**という側面がある。つまり完璧にできないなら、やっても意味がないと思ってしまうので、デスクまわりをその都度整頓するということができないのだ。

こういう人は、机の上に限らず引き出しの中にも、過去の資料などをたくさん溜めている可能性がある。完璧主義だから、少しでも必要な可能性があるならとっておこうと考えてしまい、つい溜まってしまうのだ。

きちんと段取り通りに仕事をこなすタイプではないが、総合的な判断やアイデアを求められる仕事には向いているといえるだろう。

スマホを手放せない人が抱いている〝恐れ〟とは

ある調査によれば、日本人は1日のうちの約3時間を、スマホ操作に費やしているのだそうだ。

もちろん、これはあくまで平均で、個人差はあるだろう。しかし中には、電車の中や休憩時間だけでなく、食事中、歩行中、あるいはテレビを観ながらでもスマホを手放せない人がいる。

スマホを手放すことができない人の、心理的な要因の一つは「不安」だ。

スケジュール帳に空きがあると強い不安を感じる人がいるように、「何もしない時間」があると人は不安になる。これは、**何もしないことで何か大きな報酬を受け取り損ねるのではないか**という、本能的な恐れからくるものといわれている。

スマホの利用でもっとも多いのがSNSだが、SNSでは、リアルタイムで世界中の人と繋がることができる。いわば、バーチャルな世界だ。

このバーチャルリアリティと、目の前の現実。脳は二つのことを同時に処理できないので、よりストレスがなく楽しいほう、つまりバーチャルリアリティのほうを優先することになる。こうなると、現実への対応が疎か(おろそ)になってしまう。

これはアルコールやギャンブルに対す

る依存症と同じで、スマホが手元にないだけで、イライラや不安を感じるようになる。

〝スマホ中毒〟にならないうちに、時には、1日スマホの電源を切ってみることも必要かもしれない。

肩書きにこだわる人は、意外や流行に流されやすい！

パーティーや会合などで初対面の人と話していると、途中で仕事の話から、勤務する会社の話になったりする。すると企業名や役職を聞いた途端、明らかに態度が変化する人がいる。

名前を聞いたことのない企業だと妙に上から目線になったり、逆に一部上場企業だとどことなくおもねった物言いになったり。

小さな会社に勤めていても優秀な人はたくさんいるし、大会社にもダメ社員は存在する。それは承知した上で、とりあえず、この人は世間から「○○商事の営業部長」と見られているという価値基準を優先するのだ。

つまり、人の肩書にこだわる人は、**世間体を気にして生きている人**だ。

別の言い方をすれば、自分自身を自ら評価できないために、世間という他人の評価に頼ってしまっているのだ。そこには、世間から認められないと安心できないという心理が働いている。

こういう人は、実は流行に敏感だ。常に情報をチェックしている。ファッションも最新の話題に乗り遅れないように、流行をいち早く取り入れる。といっても、オシャレがしたいのでなく、まわりから「流行遅れでダサい」と言われないためだ。

ただ、こういう人は、流行ならなんでも取り入れたりするので、本人に似合っていなくて「イタい」と言われることもある。

好き嫌いが多い人にはこんな性格傾向が…

懐石料理やフランス料理など、コース料理しかない飲食店では「嫌いな物がありましたら、お申し付けください」などと気遣ってくれることがある。マナーやしきたりにうるさい〝グルメ業界〟も、食べ物の好き嫌いには寛大なのだ。

そうはいっても、好き嫌いが多すぎる人というのも、まわりは対応に困る。そういう人は、心理学的にはどう解釈したらよいのだろうか。

好き嫌いが多い人、あるいは好き嫌いがはっきりしている人は、たいていの場合、**性格がワガママで、頑固なところがある**ことが多い。

自分の意見をもっているのはいいのだが、自分なりのロジックで結論を導き出していて、それ以外の答えを認めようとしない。柔軟性に欠けるのだ。

子供のころ、食べられなかったニンジンやピーマンを、大人になればほとんどの人が食べられるように、味覚は変化するのが普通だ。

好き嫌いが多い人は「自分は○○が嫌

いな人」であると決めつけて、更新しようとしない。だから、新しいことに挑戦することも少ない。

最初は「嫌だ」と思って口に入れた食材も、数秒後には「なんだ、おいしいじゃないか」に変わるかもしれないのだが、その一瞬の不快感を我慢できない。

つまり、やや子供っぽいところがあるのだ。

頻繁に鏡を見るのは ナルシストだから、ではない

ひと昔前なら、頻繁に鏡を見るのは女性だったが、今では男性にも、鏡があると覗き込む人がいる。

あなたのまわりにも、頻繁に鏡を見る人はいないだろうか。そういう人を見ると「ナルシストだろう」と思ってしまいがちだが、それはちょっと違う。

彼らは、自己愛が強いというよりも、**自分がどう見られているか、他者の視線が気になる人**だといえる。心理学的には「公的自己意識が強い」という。

公的自己意識が強い人は容姿を気にするので、ファッションにも敏感だし、身だしなみにも気を使う。早い話、お洒落な人が多い。周囲とのつき合いもそつなくこなし、突飛な行動もしない、世渡り上手ともいえる。

しかし一方で、自分に自信がなく、容姿にコンプレックスをもっている場合が多い。

周囲から見れば美女やイケメンだったとしても、案外本人は「この鼻が気に入

らない。もっと高ければいいのに」などと不満だらけなのだ。

こうした傾向が度を超してしまうと、性格もひねくれてしまいかねない。外見を褒（ほ）めると、かえってヘソを曲げたりするので取り扱い注意だ。

プライベートな写真を見せるのは好意の表れ

最近は誰もが気軽に写真を撮る。食べた物、出かけた先の景色、飼っている猫、自分の顔……なんでも撮っておいて、SNSに公開する人もいるし、友達に送信する人もいる。

あるいは、気心が知れた人にだけ、スマホを取り出して見せたりする。

「見て見て、これ可愛いでしょ♡」などと猫の写真を見せられても、見せられたほうは、これはいったいどういう意味なのだろうと、考えてしまうこともしばしばだ。

プライベートな写真を見せる場合は、相手に対して好意をもっていると考えていい。多かれ少なかれ信頼している証拠だし、自分をもっと知ってほしいという願望も含まれている。

もちろん、好意といってもさまざまなので、友達としてなのか異性としてなのかを知りたいときは、見せてくれる写真から推測しよう。

プライベートな度合いが高いほど、あなたを異性として意識しているという意思表示だ。

綺麗なイルミネーションや夕陽（ゆうひ）の風景

なら、友達どまり。しかし、そこに自撮りが加われば、「私を見て！」という気持ちが見て取れる。

自分で作った料理の写真を送ってくるのは、女子力のアピールかもしれない。部屋着やパジャマ姿など、**普通はなかなか見せないはずの姿を見せてくれたら、**脈アリと思っていいだろう。

◉左記の文献等を参考にさせていただきました――

「認知心理学―知性のメカニズムの探究 心理学の世界 基礎編」太田信夫(培風館)／「心理学を変えた40の研究」ロジャー・R・ホック(ピアソンエデュケーション)／「話を聞かない男、地図が読めない女」アラン・ピーズ&バーバラ・ピーズ、「嘘つき男と泣き虫女」アラン・ピーズ&バーバラ・ピーズ(以上、主婦の友社)／「FBI心理分析官」ロバート・K・レスラー(早川書房)／「FBI捜査官が教える『しぐさ』の心理学」ジョー・ナヴァロ(河出書房新社)／「だまされ上手が生き残る 入門！進化心理学」石川幹人(光文社)／「見た目でわかる外見心理学 図解雑学」齊藤勇、「社会心理学 図解雑学」井上隆二・山下富美代(以上、ナツメ社)／「面白いほどよくわかる！見ため・口ぐせの心理学」渋谷昌三(西東社)／「マンガでやさしくわかるNLP なりたい自分を手に入れる！超実践心理学」山崎啓支(日本能率協会マネジメントセンター)／「頭の中は『しぐさ』で9割わかる！」多湖輝(大和書房)／「『しぐさ』を見れば心の9割がわかる！」渋谷昌三、「『しぐさ』を見れば、相手の本心が怖いくらい読める！」下村陽一(以上、三笠書房)／「心理トリック 人を思いのままにあやつる心理法則」多湖輝(ゴマブックス)／「思い通りに人をあやつる101の心理テクニック」神岡真司、「あなたの『影響力』が武器となる101の心理テクニック」神岡真司(以上、フォレスト出版)／「しぐさで見抜く相手のホンネ」匠英一監修(扶桑社)／「他人の心がカンタンにわかる！植木理恵の行動心理学入門」植木理恵監修(宝島社)／「わかる！使える！人間関係の心理学」大村政夫・浮谷秀一監修(メイツ出版)／「いつでも心理学『クセ』や『しぐさ』から、本音を読み解く!!」東京使える心理学研究所(キニナルブックス／「人を操るブラック心理術『Yｅｓ』と言わせる交渉の鉄則32」多田文明(CLAP社)／「人の心を見抜く69の方法」ISM Publishing Lab.(イズムインターナショナル)

KAWADE
夢文庫

しぐさの心理学

二〇一九年三月一日　初版発行

著　者……牧村和幸

企画・編集……夢の設計社
東京都新宿区山吹町二六一〒162-0801
☎〇三―三二六七―七八五一（編集）

発行者……小野寺優

発行所……河出書房新社
東京都渋谷区千駄ヶ谷二―三二―二〒151-0051
☎〇三―三四〇四―一二〇一（営業）
http://www.kawade.co.jp/

装　幀……こやまたかこ

印刷・製本……中央精版印刷株式会社

DTP……株式会社翔美アート

Printed in Japan ISBN978-4-309-48510-2